法政大学イノベーション・マネジメント研究センター叢書 13

価値共創時代の
戦略的パートナーシップ

Strategic Partnership

長谷川直哉【編著】

文眞堂

刊行にあたって

特定非営利活動法人パートナーシップ・サポートセンター（代表理事：岸田眞代）が主催する「日本パートナーシップ大賞」も，2016年度で第12回を迎えた。2002年にスタートした同賞は，企業とNPOの優れた協働事例を表彰することにより，その成果を広く社会で活用することを目的としてきた。

「日本パートナーシップ大賞」は運営委員会，審査会，調査会を設け，応募事例の調査・分析と評価を行っている。調査会は，学識経験者や中間支援NPO職員で構成され，第一次審査，現地調査，第二次審査の各段階で大きな役割を果している。調査員が2人一組で現地に赴いて，企業とNPOそれぞれに行う面談調査は，書面だけでは分からないパートナーシップの実態を浮き彫りにし，的確な審査に結びつく知見を審査会に提供している。

私は第7回パートナーシップ大賞（2010年）から調査員を務め，これまで5回にわたり応募事業の調査・分析を担当してきた。本書の執筆者の中には，第1回から調査員としてかかわった方々も少なくない。

執筆者の方々が調査を通じて得た知見の数々は，「日本パートナーシップ大賞」事例集として，下記に示した共著の形で刊行されてきた。

(1) パートナーシップ・サポートセンター，岸田眞代，高浦康有編著『NPOと企業―協働へのチャレンジ：ケース・スタディ11選』（同文舘出版，2003年）
(2) パートナーシップ・サポートセンター，岸田眞代編著『NPOからみたCSR―協働へのチャレンジ』（同文舘出版，2005年）
(3) パートナーシップ・サポートセンター，岸田眞代編著『企業とNPOのパートナーシップ―CSR報告書100社分析』（同文舘出版，2006

年)

(4)　パートナーシップ・サポートセンター，岸田眞代編著『CSR に効く！―企業 &NPO 協働のコツ』(風媒社，2007 年)

(5)　パートナーシップ・サポートセンター，岸田眞代編著『点から線へ線から面へ』(風媒社，2008 年)

(6)　パートナーシップ・サポートセンター，岸田眞代編著『NPO& 企業協働の 10 年―これまで・これから』(サンライズ出版，2010 年)

(7)　パートナーシップ・サポートセンター，岸田眞代編著『NPO ＆企業協働評価―目指せ！「パートナーシップ大賞」』(サンライズ出版，2011 年)

(8)　パートナーシップ・サポートセンター，岸田眞代編著『NPO ×企業協働のススメ』(サンライズ出版，2012 年)

(9)　パートナーシップ・サポートセンター，岸田眞代編著『企業が伸びる地域が活きる―協働推進の 15 年』(サンライズ出版，2013 年)

(10)　パートナーシップ・サポートセンター，岸田眞代編著『「協働」は国を越えて』(サンライズ出版，2014 年)

(11)　パートナーシップ・サポートセンター，岸田眞代編著『広がる協働―企業 &NPO272 事例のデータ分析』(サンライズ出版，2016 年)

(1)～(11) は，第 1 回～第 11 回までの日本パートナーシップ大賞(注)の事例集であり，グランプリ（大賞）をはじめとする入賞事例を収録している。事例集の執筆は，主に調査員が担当しており，現地調査等で入手した情報や知見をもとに，企業と NPO のダイナミックなパートナーシップをいきいきと描いている。本書は，これらの事例集の執筆を担当してきた著者の知見をまとめたものであり，企業と NPO のパートナーシップの偽らざる姿を伝えるものといえよう。

持続可能な社会の実現に向けたパラダイム変革が求められている現代社会では，企業や市民を取り巻く状況は大きく変わりつつある。M. ポーターが提唱した「共通価値の創造（Creating Shared Value)」によれば，社会的課題に対するソリューションをビジネスとして提供することによって，企業と社会のサステイナビリティは実現できるという。確かに，企業セクターの取組みだけでは新たな価値を創り出すことは難しい。

サステイナビリティとはサバイバビリティでもある。企業を中心とする社会経済メカニズムへの依存から脱却し，多様な価値観を有する主体によるクロスカルチュラルなパートナーシップこそが，社会のサバイバビリティにつながる途ではないだろうか。

地球環境の制約や人々の価値観の変化に呼応して，私たちは常に変革し続け，社会の基軸となる新たな価値を見出していかねばならない。不連続な社会に生きる私たちは，本書で取り上げた協働事例が示している「構想力」と「創造力」から学ぶべき事は多いと思われる。

本書が上記の著作と同様に多くの読者を得て，企業とNPOのパートナーシップの研究と学習に資することができれば望外の喜びである。

（注）本賞の名称は第1回～第8回までが「パートナーシップ大賞」，第9回以降は「日本パートナーシップ大賞」に改称され現在に至っている。

執筆者を代表して　長谷川直哉

■執筆者紹介（執筆順，☆は編著者）

☆長谷川　直哉　　担当：序章，第5章
法政大学人間環境学部・
法政大学大学院公共政策研究科サステイナビリティ学専攻　教授

横山　恵子　　担当：第1章
関西大学商学部　教授

河井　孝仁　　担当：第2章
東海大学文学部広報メディア学科　教授

小室　達章　　担当：第3章
金城学院大学国際情報学部　教授

高浦　康有　　担当：第4章
東北大学大学院経済学研究科　准教授

目　　次

刊行にあたって……………………………………………………………………… i

序章　価値共創時代の戦略的パートナーシップ ……………………… 1

1. 本書刊行の経緯と意図 …………………………………………………… 1
2. サステイナビリティの世界的な潮流 …………………………………… 5
(1) サステイナビリティのフレームワーク ……………………… 5
(2) 気候変動とサステイナビリティ ……………………………… 6
3. 欧州連合の包括的サステイナビリティ戦略 ………………………… 7
(1) マルチステークホルダー・アプローチ ……………………… 7
(2) 欧州連合の CSR 政策 ………………………………………… 8
(3) 欧州連合の新たな CSR 戦略（2011 ～ 14 年） ………………… 9
(4) 包括的 CSR 戦略のフレームワーク ……………………………10
4. サプライチェーンのサステイナビリティ ……………………………11
5. 本書の構成 ………………………………………………………………12

第 1 章　地域協働を促進する
ソーシャル・アントレプレナーシップ ……………………19

［要約］ ………………………………………………………………………19
1. 地域再生とソーシャル・アントレプレナーシップ …………………19
2. 事例：三重県多気町の取り組み …………………………………………21
2.1　ステージ 1：高校生レストランの開業 ……………………………21
2.2　ステージ 2：（株）相可フード設立………………………………24

2.3　ステージ3：高校生NPOと地域企業の協働 ……25
(1)　高校生がNPOをつくる ……25
(2)　多気町に進出した先駆的企業 ……26
(3)　高校生からのダメだし ……27
(4)　コラボ商品づくり ……28
(5)　販売に向けての取り決め ……30
(6)　感動した取引先企業が仲間に入る ……31
(7)　女子高生，韓国で営業する ……33
(8)　ガチンコ協働で得たもの（協働の成果と組織の成長，社会への影響） ……33
(9)　まごころコスメシリーズが生み出した価値 ……34
3.　事例分析 ……35
4.　まとめ ……37
コラム1　ソーシャル・アントレプレナーが小さな手仕事創造で被災地に笑顔を生んだ協働
NPO法人遠野山・里・暮らしネットワーク ＆ 株式会社福市 ……40

第2章　地域を支える協働
—シティプロモーションの視点— ……43

［要約］ ……43
1.　協働とは何か ……44
2.　地域とは何か ……46
3.　シティプロモーションの目的 ……50
4.　シティプロモーションの評価と協働 ……51
5.　地域魅力創造サイクル ……52
6.　発散ステージ ……53
7.　共有ステージ ……56

8. 編集ステージ ……………………………………………………………58
9. 研磨ステージ ……………………………………………………………62
10. スペクトラムとしての協働 ……………………………………………63
11. パートナーシップ大賞優秀事例を参照事例として ……………………65
12. シティプロモーションの視点から ……………………………………66
13. 協働から事例を見る ……………………………………………………67
コラム2　なまら便利なバスマップ作成事業
NPO 交通倶楽部ゆうらん&ジェイ・アール北海道
バス（株），（株）じょうてつ，ばんけい観光バス
（株），北海道中央バス（株），夕張鉄道（株） ……………71

第3章　災害に対するレジリエンスと協働……………………………73

［要約］ ……………………………………………………………………73
1. はじめに …………………………………………………………………74
2. 災害に対するレジリエンスを高めるためには …………………………76
(1)　日常的なリスクに対する備え ………………………………………77
(2)　防災・減災 ……………………………………………………………78
(3)　心の回復 ………………………………………………………………78
(4)　公衆衛生システム ……………………………………………………79
(5)　情報通信技術の活用 …………………………………………………81
(6)　レジリエンス能力の統合と活用 ……………………………………82
(7)　小括 ……………………………………………………………………83
3. 事例分析 …………………………………………………………………87
(1)　「地域社会の防災力の向上に向けた協働」事業 ……………………87
(2)　「中古自転車再生を通じた被災地支援」事業 ………………………90
(3)　「キレイの力で復興支援りびラボ」事業 ……………………………91
(4)　「みやぎ／ふくしまを走る移動図書館」事業 ………………………92
(5)　「キャッシュ・フォー・ワークによる被災地復興」事業 ……94

(6)「健康手帳電子化システム開発」事業 ……95
(7)「トヨタ・子どもとアーティストの出会い」事業 ……96
4. まとめ ……97
コラム3　せとしんプロボノプロジェクト事業
コミュニティ・ユース・バンク momo &瀬戸信用金庫… 102

第4章　ソーシャル・キャピタルと組織間協働
—東日本大震災の被災地において企業とNPOがつむぐ関係性— …… 104

[要約] …… 104
1. はじめに …… 104
2. ソーシャル・キャピタルとNPO …… 105
3. 結束型／橋渡し型ソーシャル・キャピタルと協働関係 …… 107
ケース）EAST LOOPブランド：小さな手仕事で被災地と世界を結ぶ…… 107
4. 認知的／制度的ソーシャル・キャピタルと協働関係 …… 109
ケース）健康手帳の電子化：福島の子どもたちを被爆リスクから守る…… 110
5. ミクロ／マクロ・ソーシャル・キャピタルと協働関係 …… 112
ケース）eラーニングによる「まなび場」の展開：地域の貧困の連鎖を食い止める…… 112
6. おわりに …… 115
コラム4　被災地支援におけるCSRとソーシャル・キャピタルの好循環
NPO法人NICE（日本国際ワークキャンプセンター）& HSBCグループ，国立青少年教育振興機構，陸前高田市教育委員会 …… 118

第5章 価値共創経営とクロスカルチュラル・パートナーシップ …… 121

［要約］ …… 121
1. 課題と視角 …… 121
2. 企業の社会的責任を巡る論争とその帰結 …… 123
3. 機関投資家の台頭とショートターミズムの呪縛 …… 125
4. 経営パラダイムの変革に向けた動き …… 127
(1) 新たなコア・コンピタンス …… 127
(2) 企業経営の競争軸の変容 …… 129
5. CSR から CSV への展開 …… 130
(1) 戦略的 CSR の提唱 …… 130
(2) 価値共創仮説への展開 …… 132
6. 価値共創経営におけるパートナーシップの位置づけ …… 133
7. 求められる経営観の変革 …… 135
8. マルチセクター・アプローチへの期待 …… 137
9. 社会からの信認とパートナーシップ …… 139
10. パートナーシップの形態 …… 141
11. パートナーシップのケース …… 144
(1) Water Aid（イギリス）…… 144
(2) 特定非営利活動法人えがおつなげて（日本） …… 147
12. 企業の伸びしろを広げるクロスカルチュラル・パートナーシップ… 152
コラム5 企業が支える Community Supported Agriculture
—OKUTA こめまめプロジェクト—
NPO 法人生活工房つばさ・游 & 株式会社 OKUTA … 159

索引…… 162

序章
価値共創時代の戦略的パートナーシップ

1. 本書刊行の経緯と意図

本書は，2002年に創設された「パートナーシップ大賞（現・日本パートナーシップ大賞）の調査会メンバーの知見にもとづいて編集されたものである。日本パートナーシップ大賞は，特定非営利活動法人パートナーシップ・サポートセンターが主催する，企業とNPOの優れた協働を顕彰する制度である。

本賞は，社会が大きな変革を迫られている中，企業とNPOのパートナーシップを推進することにより，営利・非営利を問わず，異なる組織間の協働から生み出される新たな価値や重要性を社会にアピールし，越境（自組織が所属する業界・規制の枠を越える）による新しい社会経済システムをデザインすることを目的としている。

日本パートナーシップ大賞は，2014年に第11回を迎え，第1回からの応募総数は292件を数えている。本賞は，第1次審査，現地ヒアリング調査，第2次審査，最終審査という流れを経て，受賞者が決定される仕組みとなっている。この審査を支える運営組織は，運営委員会，審査会，調査会で構成されている。

調査会は，学識経験者，中間支援組織NPO職員からなるボランティアで構成され，第1次審査を通過した事業を対象に，原則2名の調査員が現地に赴いて，企業とNPOをそれぞれ個別に訪問して運営責任者・担当者や受益者にヒアリングを行い，協働事業の運営実態について調査を行っている。複

図表序-1　「日本パートナーシップ大賞」応募件数

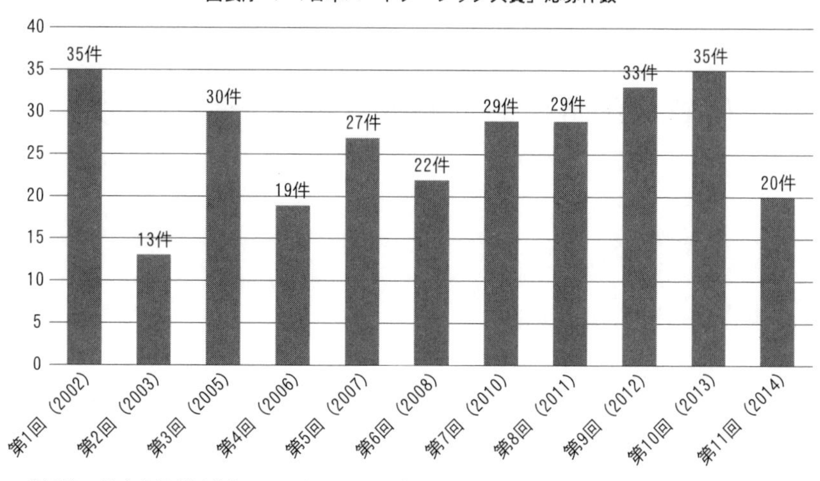

（出所）　特定非営利活動法人パートナーシップ・サポートセンター公表資料に基づき筆者作成。

数の調査員が訪問するのは，定性的な情報に対する評価の客観性を確保するためである。

調査終了後，調査員による合議を経て，評価シートが作成される。評価内容は①目標設定，②事業経過，③事業結果，④社会へのインパクトという4つのフレームワークに基づく20項目で構成されている。第2次審査に先立ち調査員による全体会議が開催され，評価レベルのすり合わせ等を行って，最終的な調査結果が確定される。

第2次審査は，調査員による評価シートならびに現地調査の報告を中心に進められる。審査委員は調査員の報告を踏まえて，各事業の内容を精査し，最終審査に臨む事業の選出を行う。

第2次審査を通過した事業は，最終審査会で企業とNPOによるプレゼンテーションを行う。最終審査では，審査委員がこれまでの調査結果とプレゼンテーションの内容を総合的に勘案し，大賞および各賞が決定される。

調査員は，応募書類や調査員が自ら収集した各種資料に基づく情報，現地ヒアリング調査などを通じて，企業とNPOのパートナーシップに関する膨

図表序-2 「日本パートナーシップ大賞」審査の流れ

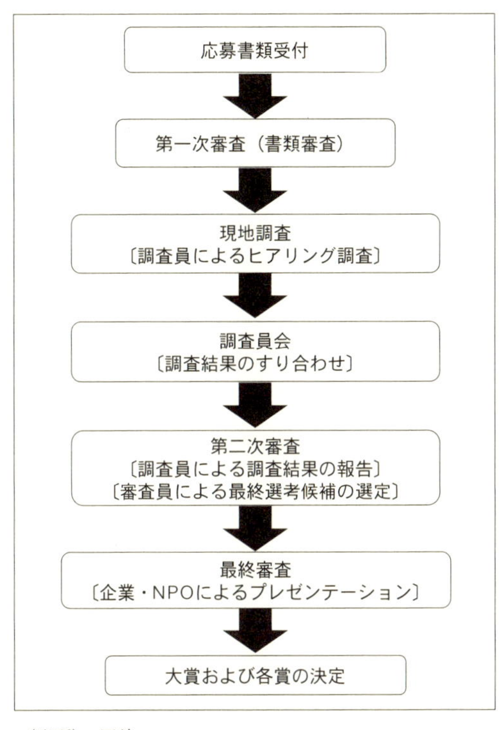

（出所） 同前。

大な知見を有している。こうした知見は，日本パートナーシップ大賞表彰後に発行される事例集で公開されている。しかし，事例集は紙面の制約もあって表彰事例の紹介が中心となっており，調査員の豊富な知見を披露する機会は乏しかった。

今回は，学識経験者を中心に調査員経験者の皆さんに広く参加を呼びかけ，多くの貴重なご意見を頂戴することができた。改めて厚くお礼を申し上げたい。

本書を編集するにあたって留意したのは，山積するさまざまな社会的課題に対して，本書で取り上げた企業と NPO のパートナーシップがどのような取り組みを行ってきたのかについて，理解を深めていただきたいということである。

地球温暖化，人口増加，資源の枯渇，格差社会，人権抑圧など環境や社会を取り巻く課題は，年々，深刻化しつつある。グローバリゼーションの進展によって，企業の活動領域は国境や地域を越えており，富を追求する企業活動が多様なステークホルダーに多くの影響を及ぼしている。

残念ながら，グローバル社会を席捲する市場経済メカニズムには，資本の論理に基づく成長至上主義を制御する手段がビルトインされていない。経済的価値の創出に傾斜した現代社会の価値観を修正するためには，新たな枠組が必要なのである。グローバル社会では，気候変動や生物多様性・生態系サービスの劣化など，世界が抱える複雑で長期的な問題に対する最適解を提供する仕組みとして，企業とNPOのパートナーシップに期待が寄せられている。

2015年9月，「持続可能な開発目標（Sustainable Development Goals: SDGs）」が国連で採択された。SDGsは，ミレニアム開発目標（MDGs）で積み残された課題に加え，「リオ＋20」で議論された環境課題など，17の目標と169のターゲットに全世界が取り組むことによって，社会的包摂（ソーシャル・インクルージョン）を推進することを目的としている。

SDGsの目標17は，「持続可能な開発実施手段を強化し，グローバル・パートナーシップを活性化する」[1]と記載されている。NPO／NGOと企業の協働はもとより，あらゆる主体によるパートナーシップは，社会的包摂を実現するうえで欠かせないといえよう。

国内に目を向けると，2015年6月，コーポレートガバナンス・コードと呼ばれる企業統治に関するソフトローが，上場企業に適用されることとなった。同コードの原案では「実効的なコーポレートガバナンスの実現に資する主要な原則を取りまとめたものであり，これらが適切に実践されることは，それぞれの会社において持続的な成長と中長期的な企業価値の向上のための自律的な対応が図られることを通じて，会社，投資家，ひいては経済全体の発展にも寄与することとなるものと考えられる」[2]と説明されている。

同コードが意図するところは，企業が株主をはじめ顧客・従業員・地域社会等のマルチステークホルダーの価値観を理解し，透明・公正かつ迅速・果断な意思決定を行う組織を再構築することにあるといえるだろう。

21世紀社会のあり方を展望するならば，サステイナビリティ(Sustainability)をdisciplineとし，マルチステークホルダーによる新たな関係性を構築することが不可欠であろう。サステイナビリティを社会の価値規範に位置づけることによって，資本の論理を抑制し，経済中心社会から多様性受容社会へのパラダイム転換が実現できるのではなかろうか。

現代企業には，環境（Ecology)，社会（Social)，企業統治（Governance)の各領域で，多様な主体とのパートナーシップを背景とした抜本的対策を行い，全体最適を志向するサステイナビリティ社会の構築に向けた取り組みを加速させることが求められている。

本書を通じて，多様な価値観が受容される生き生きとした未来社会の姿に思いを巡らせていただきたいというのが，執筆者一同の意図するところである。

2. サステイナビリティの世界的な潮流

(1)　サステイナビリティのフレームワーク

サステイナビリティとは，本来企業が一定の利益を確保し，将来において安定的に製品やサービスを顧客に提供し続けられる可能性を意味するものであった。1987年，「環境と開発に関する世界委員会（ブルントラント委員会)」(WCED：World Commission on Environment and Development）は，「将来の世代が彼らのニーズを満たす可能性を損なうことなく現世代のニーズを満たす発展」という「持続可能な開発（Sustainable development)」概念を提唱した。

「持続可能な開発」は，富の無限性を前提としたこれまでの経済システムを改め，経済成長の物理的，生態学的な限界を認識することを求めたものである。この提言以来，サステイナビリティは地球が生み出す生態系と人間社会の持続可能性を意味する概念として理解されるようになった。

1992年，リオデジャネイロで開かれた「国連環境開発会議（地球サミット）」（UNCED：United Nations Conference on Environment and Development）で「持続可能な開発」は行動計画「アジェンダ21」と共に採択され，世界的な環境保全のあり方を指し示す基本理念と位置づけられた。

地球サミット以降，環境保全と経済活動を巡る理論的混乱は収束に向かい，環境問題の解決に「経済的手法」を活用する考え方は，営利・非営利を問わず，幅広い分野で受け入れられるようになった。企業の多くはサプライチェーンを通じて，さまざまな分野でCSR活動を行っており，サステイナビリティはCSRの到達点として認識されつつある。

(2)　気候変動とサステイナビリティ

2007年に公表された「気候変動に関する政府間パネル」（IPCC：Intergovernmental Panel on Climate Change）第4次評価報告書では，大気中の温室効果ガスの濃度が産業革命前に比べて上昇しており，なかでも二酸化炭素の増加は人為的な化石燃料の使用が主因であると結論づけた。

18世紀後半，イギリスで勃興した産業革命によって工業を基軸とする産業資本主義が成立し，化石燃料を基幹エネルギーとする近代工業が発展した。より多くの富を求めて，企業規模は拡大の一途をたどった。多国籍企業がグローバル経済の中心を占める現代社会では，メガカンパニーの強大な経済力が，国境を超えて地球環境や人々の生活に多大な影響をもたらすことが懸念されている。

サステイナビリティの本質は，これまで外部不経済として切り捨ててきた分野を市場経済メカニズムに取り込んで内部経済化することであり，CSRはそのためのツールなのである。

3. 欧州連合の包括的サステイナビリティ戦略

(1) マルチステークホルダー・アプローチ

2000年，欧州委員会は雇用の拡大・改善と一層の社会的結合を確保しつつ，持続的な経済発展をめざすという方針を定めた。[3)]これに続く「グリーンペーパー：企業の社会的責任のための欧州枠組みの推進」(2001年）では，CSRを推進する新たな枠組みを構築するための，パートナーシップのあり方に関する問題提起を行った。

欧州委員会はCSRツールの透明性・統一性の確保，ステークホルダー間の共通理解の必要性を認識し，2002年にマルチステークホルダー・フォーラムを設立した。フォーラムはEU共通のアプローチや指針となる共通原理の確立をめざして，先進事例についての情報交換，既存のイニシアティブの集約，CSRやサステイナビリティに関する知識の向上，CSRツールの革新[4)] などに取り組んだ。

フォーラムが2004年に公表した最終報告書[5)] は，EUが取り組むべき課題として，① CSRの基本原理に関する意識向上，② CSRに関する情報の収集・交換・普及，③ CSRに関する知識・行動の調査および質の向上，④ CSRに関する企業の理解力・結合力の推進，⑤ CSR分野での能力構築を支援する団体等の能力蓄積[6)]，⑥ 教育・カリキュラムへのCSRの包含，⑦ CSRのための適切な条件整備，⑧利害関係者の対話促進，⑨ 公的機関およびEUの役割強化を指摘した。

⑦ で指摘された条件整備は，CSRを推進する企業が市場でメリットを得られるような法的，経済的，社会的フレームワークの整備を意味する。イギリスで実施された年金法改正[7)] によって，CSRを含む非財務情報を投資基準とするSRI（Socially Responsible Investment：社会的責任投資）やESG投資が拡大したことも条件整備の1つである。

(2)　欧州連合の CSR 政策

欧州連合では「企業の社会的責任，持続可能な発展に対する企業の貢献 (Corporate social responsibility, A business contribution to sustainable development)」(2002 年) において，CSR を「法的要求を超えて，企業が社会や環境への配慮を自らの事業活動およびステークホルダーとの相互作用に自発的に組み込む概念」と定義した。

欧州連合がめざすサステイナビリティは，現世代と将来世代の双方が生活の質 (quality of life) を継続的に発展させていくことを目的としたものであり，EU 域内の全ての政策や活動を包括的に統制する基本理念と位置づけられている。その主な取り組みは，① 気候変動の抑制とクリーンエネルギーの拡大，② 輸送システムの変革，③ サステイナブルな消費ならびに生産の促進，④自然資源の保全と過剰利用の回避，⑤ 世代間の連携を視野に入れたソーシャル・インクルージョン (社会的包摂)[8] の実現などである。EU は CSR 政策で先駆的な役割を果たしてきたが，その成果は図表序-3 に示すとおりである。

図表序-3　EU における CSR 政策の進展

CSR の取組内容	2006 年	2011 年
国連グローバルコンパクト署名企業	600 社	1,900 社以上
EMAS 登録組織	3,300 団体	4,600 団体
ビジネス・ソーシャル コンプライアンス・イニシアティブ	69 社	700 社以上
GRI ガイドラインに準拠した サステナビリィ報告書発行企業	270 社	850 社以上

(出所)　欧州委員会 (2011)「CSR についての欧州連合新戦略 2011-2014」を基に筆者作成。

こうした努力にもかかわらず，欧州委員会は EU 域内企業の事業活動と CSR は十分に統合されていないとの認識を抱いている。CSR を推進するための政策枠組みを持っている国は，欧州連合 27 カ国中 15 カ国にとどまっている。欧州委員会は CSR 政策の影響度を高めるため，国際原則やガイドラインと一致したCSRに関する定義の策定，CSRに関する透明性の向上，責任ある企業行動に対する市場報酬の拡大などに取り組む必要性を感じている。

(3)　欧州連合の新たなCSR戦略（2011～14年）

欧州委員会が新たに提唱したCSRの定義は，「企業の社会への影響に対する責任」であり，その内容は次の2点に集約される。

① 株主と広く社会やその他のステークホルダーとの間で，共通価値の創造を最大化する。

② 企業の潜在的悪影響を特定・防止・軽減する。

新たな定義に込められた意図は，企業が事業とCSRの統合を推進し，CSRに対する長期的な戦略アプローチを採ることで，マルチステークホルダーの要求を満たす革新的な製品，サービス，ビジネスモデルを創造することである。これによって経済的価値を創造しつつ，社会的にニーズに対応するという共通価値（shared value）[9]の最大化が図られる。

欧州連合は，多国籍企業に対するOECDガイドライン，国連グローバル・コンパクト，ISO26000などに沿ってCSR政策を推進する方針を示しているが，その目的は中長期にわたって持続可能な成長と雇用を創出する社会基盤を構築することにある。新たなCSR戦略を推進するため，次のようなアジェンダの推進が求められている。

① CSRの見える化とグットプラクティスの普及

② ビジネスの信頼性レベルの改善

③ 自主規制，共同規制のプロセスの改善

④ CSRの市場報酬の拡大（消費，公共調達[10]，投資[11]）

⑤ 企業の社会・環境に関する情報開示の改善

⑥ CSRの教育・訓練・研究への更なる統合

⑦ 加盟国におけるCSR政策の重要性の強調

⑧ CSRに対する欧州と世界のアプローチの調整

図表序-4　CSR からサステイナビリティへの展開

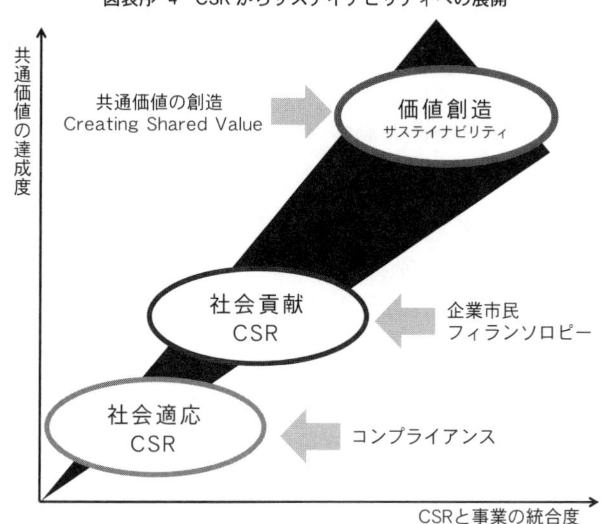

（出所）NPO 法人パートナーシップ・サポートセンター公表資料及び各種資料を基に筆者作成。

(4)　包括的 CSR 戦略のフレームワーク

欧州委員会が提示した新しい CSR の定義は，環境や社会に及ぼす企業活動の影響に対する懸念を反映したものである。企業には，財務情報のみならず，事業プロセスの正当性を裏付ける情報の開示が求められている。経済的成果のみを企業価値の源泉とする考え方は次第に受け入れ難くなっており，環境（E），社会（S），ガバナンス（G）に関するパフォーマンス評価は，企業のサステイナビリティを評価するうえで重要指標と位置づけられている。

欧州連合が構想する包括的 CSR 戦略は，4 つの柱（the four pillars of CSR）を中心に展開される。4 つの柱とは，職場（従業員），市場（消費者やサプライチェーン），社会（マルチステークホルダー），環境（生態系）である。投資家やステークホルダーからの信頼を得るために，経営者は 4 つの柱を基軸とする CSR の実践に向けて，リーダーシップを発揮しなければならない。

図表序-5　包括的 CSR 戦略のフレームワーク

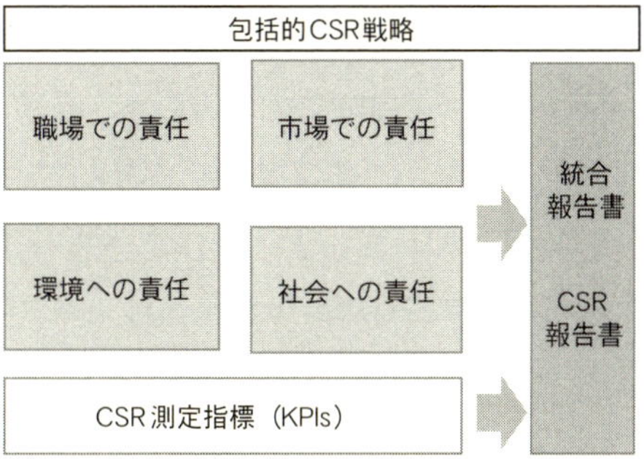

包括的CSR戦略
職場での責任
市場での責任
環境への責任
社会への責任
CSR 測定指標（KPIs）
統合報告書
CSR報告書

（出所）筆者作成。

4. サプライチェーンのサステイナビリティ

サプライチェーンとは，原材料の供給者から最終需要者に至る全過程（開発・調達・製造・配送・販売など）における業務連関を意味する。近年，企業活動のグローバル化によってサプライチェーンは拡大する傾向にあり，企業はサプライチェーンにおける，環境（E），社会（S），ガバナンス（G）に関して予防的対応を講ずることが求められている。

国連グローバル・コンパクトは，サプライチェーンの持続可能性を「製品とサービスのライフサイクル全体を通じて環境，社会，経済の影響を管理することであり，良好なガバナンスの実行を奨励することである」[12)]と定義している。

アウトソーシングによって，企業の負うべき責任やリスクは外部に移転されないし，製品が消費者の手に渡った段階で企業の責任が終わることもない。製品・サービスのライフサイクルにおける環境的および社会的影響を把握し，サプライチェーンのあらゆる段階においてCSRを実践することが，事業活動のサステイナビリティ実現に貢献するのである。サプライチェーンにおけるサステイナビリティ・マネジメントの難しさの背景には，サプライチェーンのグローバル化とマルチステークホルダーの期待の高まりがあるといえよう。

1996年，ナイキ（Nike）に向けて，海外下請工場で児童労働をさせているという非難の声が上がり，同社製品の不買運動へと発展した。ナイキに対する国内外からの批判は，同社が下請工場での労働条件を改善する方策を発表する1998年まで続いた。2007年，アメリカ大手玩具メーカーのマテル（Mattel）は，納入業者が鉛を含む塗料を使用したことで1億ドル相当の製品がリコールされた。その後，同社の株価は下落し訴訟の対象となっている。

企業を取り巻く環境は，業界事情，ステークホルダーの期待，ビジネス戦略，企業文化などによって異なる。そのため，企業はNPO／NGOとのパートナーシップを通じて，多様なステークホルダーの価値観を受容し，サプライチェーンにおけるサステイナビリティの目的や意義を，明確にしておかねばならない。

図表序-6　サプライチェーンの持続可能性

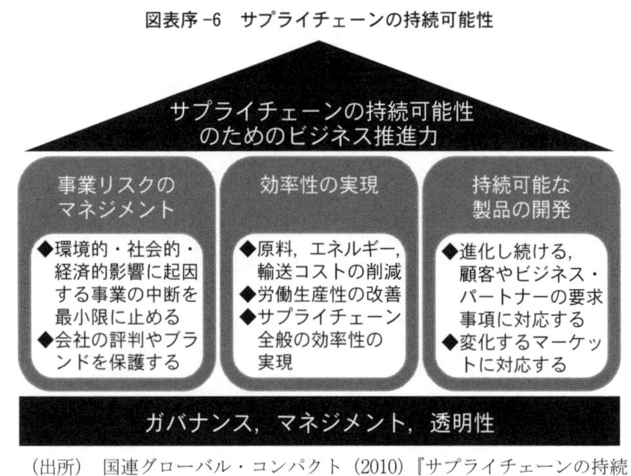

（出所）　国連グローバル・コンパクト（2010）『サプライチェーンの持続可能性－継続的改善のための実践的ガイド』を基に筆者作成。

5. 本書の構成

本書全体の構成について説明を加えておきたい。第1章「地域協働を促進するソーシャル・アントレプレナーシップ」では，地域の社会的課題を解決する担い手として，ソーシャル・アントレプレナーの存在に着目する。地域に潜む意外な資源を活用して，小さな実験を繰り返しながら協働ストーリーを展開させていく，ソーシャル・アントレプレナーシップの可能性について検討していく。(執筆者：横山恵子)

第2章「地域を支える協働―シティプロモーションの視点―」は，価値共創時代に求められる戦略的協働の本質を，協働主唱者と協働呼応者の相補性という枠組みで捉えるとともに，地域社会における協働のあり方をシティプロモーションという視点から分析する。(執筆者：河井孝仁)

第3章「災害に対するレジリエンスと協働」は，日本パートナーシップ大賞の応募事例の中から，災害からの復旧・復興に関わるNPO，企業，行政，大学など多様な主体による協働事業を取り上げ，災害に対するレジリエンスを高める協働のあり方について論じる。(執筆者：小室達章)

第4章「ソーシャル・キャピタルと組織間協働：東日本大震災の被災地において企業とNPOがつむぐ関係性」は，東日本大震災後の企業とNPOの協働による復興支援事例に焦点を当て，ソーシャル・キャピタル（SC）の観点からパートナーシップの類型化を試みる。(執筆者：高浦康有)。

第5章「価値共創経営とクロスカルチュラル・パートナーシップ」は，国内外の協働事例を踏まえて，多様な主体によるプライヴェートなコラボレーションであるクロスカルチュラル・パートナーシップの可能性について検討する。(執筆者：長谷川直哉)

2015年，気候変動枠組条約第21回締約国会議（COP21）で「パリ協定(Paris Agreement)」が採択された。その内容は，産業革命前の水準と比べて世界の平均気温の上昇を2℃を十分に下回る水準に抑制し，さらに，1.5℃以内に抑えるよう努力するという厳しいものである。化石燃料に依存した社会・経済システムを大きく転換しない限り，この目標を達成することは難しい。国際社会では，低炭素社会から脱炭素社会に向けた動きが加速している。エネルギー源の9割を化石燃料の輸入に依存する日本にとって，小手先だけの対応で脱炭素を実現することは不可能といえよう。このように，社会課題はもはや単一主体のみで解決できるレベルではない。

サステイナビリティとはサバイバビリティでもある。われわれの社会を取り巻く情勢の変化に呼応して，政府，地方自治体，企業，NPOなど，さまざまな主体が，全体最適を志向した協働をフレキシブルに展開することが求められているといえよう。

本書を通じて，企業やNPOをはじめとする多様な主体による，戦略的パートナーシップの可能性について関心を持っていただければ，執筆者一同，望外の喜びとするところである。

最後に，編集にあたりご尽力いただいた文眞堂・前野弘太氏にお礼を申し上げるとともに，法政大学イノベーション・マネジメント研究センターより刊行助成を受けたことを記しておく。

図表序-7　CSR／NPO／日本パートナーシップ大賞を巡る動き

年	CSRを巡る国内外の動き	NPO／日本パートナーシップ大賞を巡る動き
1991	・経団連「地球環境憲章」制定 ・経団連「企業行動憲章」制定	
1992	・国連環境開発会議（UNCED　リオ・サミット） ・気候変動枠組条約，アジェンダ21等採択	
1993	・生物多様性条約 ・「環境基本法」施行 ・「環境に優しい企業行動指針」発表（環境庁）	
1994	・EU環境管理／監査規則：EMAS発行 ・ISO9000／1994発行 ・「コー円卓会議　企業行動指針」採択 ・「環境基本計画」策定 ・気候変動枠組条約発効	
1995	・COP1（ベルリン）［ベルリンマンデート］ ・砂漠化対処条約 ・「容器包装リサイクル法」制定 ・「環境保全に向けた取り組みの率先実行のための行動計画」閣議決定	
1996	・COP2（ジュネーブ）［ジュネーブ宣言］採択 ・ISO14001発行 ・経団連「環境自主行動計画」策定	・日本NPOセンター 発足（東京）

1997	・COP3（京都）［京都議定書］合意 ・政府温暖化対策本部設置	
1998	・COP4（ブエノスアイレス） ・「地球温暖化対策推進大綱」作成	・特定非営利活動促進法（NPO 法）成立 ・パートナーシップサポートセンター設立（名古屋）
1999	・COP5（ボン） ・「温暖化対策推進法」施行 ・「環境影響評価法」施行 ・「改正省エネルギー法」施行 ・わが国初の社会的責任投資［エコファンド］ ・男女共同参画社会基本法	・日本 NPO 学会設立
2000	・COP6（ハーグ） ・国連グローバル・コンパクト発足 ・ISO9000/2000 発行 ・GRI「持続可能性報告ガイドライン」発行 ・「循環型社会形成推進基本法」成立 ・「容器包装リサイクル法」施行 ・環境庁「環境会計ガイドライン」発行 ・「ダイオキシン類規制法」施行・循環型社会形成促進基本法 ・経済同友会「21 世紀宣言」公表 ・GRI ガイドライン第 1 版発行 ・第二次環境基本計画	
2001	・COP7（マラケシュ）［マラケシュ合意］ ・環境省誕生 ・「食品リサイクル法，家電リサイクル法，グリーン購入法」施行 ・「PRTR 法」施行 ・環境省「環境報告書ガイドライン」発行	・「認定 NPO 法人制度」（NPO 支援税制）スタート
2002	・COP8（デリー） ・「持続可能な開発に関する世界首脳会議」（ヨハネスブルグサミット） ・京都議定書批准 ・「地球温暖化対策法」改正 ・GRI ガイドライン第 2 版発行 ・日本経団連「企業行動憲章」改訂	・「認定 NPO 法人制度」税制優遇基準を緩和（国税庁） ・改正 NPO 法（特定非営利活動促進法の一部を改正する法律案）公布 ・第 1 回パートナーシップ大賞（NPO 法人パートナーシップサポートセンター）
2003	・COP9（ミラノ） ・「地球温暖化対策推進大綱」改正 ・「土壌汚染対策法」施行 ・「省エネ法」強化（CO2 排出量） ・「循環型社会形成推進基本計画」閣議決定 ・経済同友会　企業白書「市場の進化と社会的責任経営」発行 ・バイオセーフティに関するカルタヘナ議定書	・NPO 法人の認証数が全国で 1 万を超す ・フィランソロピー大賞創設（東京・日本フィランソロピー協会） ・第 2 回パートナーシップ大賞 ・岸田眞代／高浦康有（2003）『NPO と企業－協働へのチャレンジ』同文舘出版
2004	・COP10（アルゼンチン） ・ISO14001 ／ 2004 発行 ・日本経団連「企業行動憲章」改定	・NPO 法人の認証数が全国で 1 万 5,000 を超す（累計 1 万 5,296 件）

2005	・COP11（モントリオール） ・地球温暖化対策推進国民運動「チームマイナス6%」発足 ・京都議定書発効 ・環境配慮促進法 ・経団連「CSR ツール」公表	・NPO 法人の認証数が全国で 2 万を超す（累計 2 万 350 件） ・NPO 法人の解散件数の増加率が認証件数の増加率を上回る（466 団体解散） ・第 3 回パートナーシップ大賞 ・岸田眞代（2005）『NPO からみた CSR―協働へのチャレンジ』同文舘出版
2006	・COP12（ナイロビ）［ナイロビ作業計画］合意 ・改正省エネ法施行 ・国連「責任投資原則（PRI）」 ・GRI ガイドライン第 3 版発行 ・第三次環境基本計画 ・ゴア元副大統領「不都合な真実」	・第 4 回パートナーシップ大賞 ・岸田眞代(2006)『企業と NPO のパートナーシップ―CSR 報告書 100 社分析』同文舘出版
2007	・COP13／(バリ島）［バリ・ロードマップ］採択 ・第 3 次生物多様性国家戦略制定 ・経済同友会 「CSR イノベーション－事業活動を通じた CSR による新たな価値創造」 ・ソーシャルイノベーションマガジン『オルタナ』創刊	・NPO 法人の認証数が全国で 3 万を超す ・第 5 回パートナーシップ大賞 ・岸田眞代（2007）『CSR に効く！―企業 &NPO 協働のコツ』風媒社
2008	・COP14（ポーランド） ・生物多様性条約 COP9（ボン） ・京都議定書目標達成計画改訂 ・生物多様性基本法（2008.6 施行） ・温対法，省エネ法改正（2008.6）：CO2 削減強化 ・東京都「環境確保条例」改訂（2008.6）：キャップアンドトレードの導入 ・経済同友会「価値創造型 CSR による社会変革」公表	・第 6 回パートナーシップ大賞 ・岸田眞代（2008）『点から線へ 線から面へ：第 5 回パートナーシップ大賞事例集』風媒社
2009	・COP15（コペンハーゲン）「コペンハーゲン合意」採択 ・経済同友会「未来価値創造型 CSR」を提唱 ・日本経団連生物多様性宣言	・日本ファンドレイジング協会設立
2010	・COP16（メキシコ） ・ISO26000 発効 ・生物多様性条約 COP10（名古屋） ・国際森林年（the International Year of Forests）	・第 7 回パートナーシップ大賞 ・岸田眞代（2010）『NPO & 企業協働の 10 年―これまで・これから』サンライズ出版
2011	・COP17（南アフリカ）［ダーバン合意］採択 ・東京電力福島第一原発事故 ・東京都排出量取引制度開始 ・国連生物多様性の 10 年（2011-20 年）	・第 8 回パートナーシップ大賞 ・岸田眞代（2011）『NPO &企業協働評価－目指せ！「パートナーシップ大賞」』サンライズ出版
2012	・COP18（カタール） ・再生可能エネルギーの固定価格買取制度開始 ・京都議定書第一約束期間終了年と改正京都議定書の採択 ・アメリカシェール革命 ・「リオ＋ 20」開催	・第 9 回パートナーシップ大賞 ・岸田眞代（2012）『NPO ×企業 協働のススメ：第 8 回パートナーシップ大賞事例集』サンライズ出版

2013	・COP19（ポーランド） ・京都議定書第二約束期間開始 ・高知県四万十市で国内最高気温更新（41.0℃） ・IPCC 評価報告書（AR5）第 1 作業部会報告書［大気中 CO2 濃度 400ppm 超］ ・「水銀に関する水俣条約」採択 ・カーボンオフセット・クレジット認証制度「J クレジット」発足 ・中国で PM2.5 による高濃度の大気汚染発生	・第 10 回パートナーシップ大賞 ・岸田眞代（2013）『企業が伸びる地域が活きる－協働推進の 15 年』サンライズ出版
2014	・COP20（ペルー）［気候行動のためのリマ声明］ ・「燃料電池自動車」世界初の一般向け販売 ・国連「ESD の 10 年」最終年 ・国際司法裁判所，南極海における日本の調査捕鯨の中止判決	・第 11 回日本パートナーシップ大賞 ・岸田眞代（2014）『「協働」は国を越えて』サンライズ出版
2015	・COP21（フランス）［パリ協定採択］ ・SDGs 採択（持続可能な開発目標） ・GPIF（年金積立金管理運用独立行政法人）が PRI に署名 ・トヨタ環境チャレンジ 2050	
2016	・COP22（フランス）［パリ協定採択］	・第 13 日本パートナーシップ大賞応募開始 ・岸田眞代（2016）『広がる協働－企業 &NPO272 事例のデータ分析』サンライズ出版

（出所）　各種資料を基に筆者作成。

付記
本研究は，JSPS 科研費（25380479）の助成を受けたものである。

注

1）　GRI，UNGC，WBCSD（2015）『SDG Compass』，7 頁。
2）　コーポレートガバナンス・コードの策定に関する有識者会議（2015）『コーポレートガバナンス・コード原案』金融庁，1 頁。
3）　欧州理事会リスボン会合（2000 年 3 月）。
4）　CSR ツールには行動規範（Code of Conduct），マネジメント基準，CSR 報告・保証，ラベリング，社会的責任投資（SRI）がある。
5）　European Multistakeholder Forum on CSR-Final results & recommendations.
6）　CSR の推進をサポートするビジネスアドバイザー，消費団体，投資家，労働組合，メディアなどを指している。
7）　イギリスでは 2000 年に施行された改正年金法によって，年金基金などの機関投資家が SRI 投資を加速する動きがみられた。
8）　失業者，低所得者，ホームレス，薬物中毒者，障がい者などを孤立させず社会の中に包摂しようという政策理念。
9）　M. ポーターが「共通価値の戦略（Creating Shared Value）」（2011 年）で提唱した概念。
10）　社会的責任公共調達ガイドの発行（2011 年）。
11）　欧州委員会は，機関投資家が国連責任投資原則（PRI：Principles for Responsible Investment）へ署名することが望ましいという姿勢を持ち，非財務情報を投資判断に組み込むための能力構築を支援している。
12）国連グローバル・コンパクト（2010），7頁。

参考文献

コーポレートガバナンス・コードの策定に関する有識者会議（2015）『コーポレートガバナンス・コード原案』金融庁。
国連グローバル・コンパクト（2010）『サプライチェーンの持続可能性－継続的改善のための実践的ガイド』。
佐和隆光（2000）『市場主義の終焉―日本経済をどうするのか―』岩波書店。
鈴木幸毅（1992）『環境問題と企業の責任（増補版）』中央経済社。
松野弘・堀越芳昭・合力知工編著［2006］『企業の社会的責任論の生成と展開』ミネルヴァ書房。
IPCC（2007），*Contribution of Working Group I to the Fourth Assessment Report of the Intergovernmental Panel on Climate Change*, Cambridge University Press.
Laasch, Oliver. Conaway, Roger N.（2014），*Principles of Responsible Management: Global Sustainability, Responsibility, and Ethics, 1st Edition.* Cengage Learning.

（長谷川直哉）

第1章
地域協働を促進する ソーシャル・アントレプレナーシップ

［要約］

小規模な地域活性化（地域再生）のソーシャル・アントレプレナーシップとは，① 手元資源でのやりくり，② 制約に縛られることからの逸脱，③ 即興，④ 社会的価値創造，⑤ ステークホルダーの参画，⑥ 説得といったブリコラージ理論を援用した視点で説明できることを，三重県多気町の事例に基づいて説明する。

地域活性化のソーシャル・アントレプレナーシップの実践的インプリケーションとしては，① 地域資源にこだわること，② アイデアは実行に移して実験すること，③ 当事者たちで考えること，④ 信念と覚悟の重要性，⑤ できない理由は探さないこと，⑥ 外部から評価される取り組みを目指すこと，⑦ 適当力を生かしながらビジネスの形態にこだわることの7点をあげた。

地域の魅力を高めるためには，域内の意外な資源をつなぐことで，ストーリー性を生み出し，各資源を育て，小さな実験を繰り返しながら即興で展開させていく試みが重要である。そのような姿勢のソーシャル・アントレプレナーシップは，地域のソーシャル・キャピタルを豊かにして，地域協働を促進するであろう。

1. 地域再生とソーシャル・アントレプレナーシップ

この章では，地域の社会的課題に取り組むために，協働を促して地域資源をつなぐソーシャル・アントレプレナーシップに着目する。

地域再生においては，単に経済的・環境的・社会的側面を再生するだけでなく，地域や個々人の生活が改善されるよう地域住民をエンパワーメントすることが重要だと議論されてきており，その意味では地域住民が主体的に自分たちの地域を創造していくコミュニティ・エンパワーメントが求められる(岩満 2011)。

このコミュニティ・エンパワーメントを促進するために，ソーシャル・アントレプレナーシップが大いに期待される。ソーシャル・アントレプレナーシップとは，社会的課題をビジネスの形で革新的に解決するという考え方と活動様式である。社会的課題の中でも，市場性がなく企業が参入しないテーマや，行政が対応に動かないままになっているテーマなど，とかく解決が難しいとされる社会的課題に取り組む動きでもある。したがって，ソーシャル・アントレプレナーシップは，難しい社会的課題解決に向けて，地域資源を集めてビジネスを成立させて取り組む動きの中で，異質の人々をつなぎ，ソーシャル・キャピタル（社会関係資本）を豊かにさせると考えられている。豊かなソーシャル・キャピタルは，コミュニティ・エンパワーメントにつながるだろう。そういった姿を，以下の事例で検討したい。

多種多様なソーシャル・アントレプレナーシップを，その規模と性質により3つのタイプに分けた研究（Smith and Stevens 2010）がある。彼らは，① ハイエク（Hayek 1945）型タイプ，② カーズナー（Kirzner 1997）型タイプ，③ シュンペーター（Schumpeter 1942）型タイプの3類型を提示した。小規模で地域の社会的課題解決に取り組むソーシャル・アントレプレナーシップを ① ハイエク型タイプとして，それより規模が大きく，漸進的変革を伴う地域だけでなく国際的課題に取り組むソーシャル・アントレプレナーシップを ② カーズナー型タイプとし，③ シュンペーター型タイプは，新結合による均衡破壊を伴う変革が用いられる大規模な社会的課題解決とした。

このうち，多くの市町村レベルの地域再生の取り組みは，① ハイエク型タイプに属する。ハイテク型タイプのソーシャル・アントレプレナーシップの分析視点として，Domenico et al. (2010) は，ブリコラージ理論（Theories of Bricolage）を援用して，下記6点を掲げている。① 手元資源でのやりくり，② 制約に縛られることからの逸脱，③ 即興，④ 社会的価値創造，⑤ ステークホルダーの参画，⑥ 説得であり，④～⑥ はソーシャル・アントレプレナーシップゆえの分析視点だとしている。

この6つの分析視点から，三重県多気町の地域活性化の事例を分析する。

2. 事例：三重県多気町の取り組み

三重県多気町は，山々に囲まれた，人口1万5,000人の小さな町である。自主財源の落ち込みや過疎化に直面していた。一方，町に唯一ある県立相可高等学校は，学力低下が激しく，廃校の危機に直面していた。農業高校を母体とした4学科から成る高校で，普通科，生産経済科，環境創造科，食物調理科であった。多気町役場の岸川政之さんは，高校の活性化と，農業振興による地域活性化を模索する。

2.1 ステージ1：高校生レストランの開業

多気町役場の岸川さんは，税務課，教育委員会，総務課，企画調整課，農林商工課などを経て，2011年から「まちの宝創造特命監」に就任する。この間，さまざまな町おこしのイベントを立案実施してきた。まちづくり仕掛人塾を主宰している。

2000年から農業振興への取り組みを開始して，まちの農業振興に取り組む中で，相可高校食物料理クラブとその顧問の先生，村林新吾さんと知り合う。2002年2月に開催された「おいしい多気町まるかじりフェスティバル」は，多気町の農産物とその生産者にスポットをあてた行事で，その企画をした岸川さんが相可高校へ試食会の調理を依頼したことがきっかけであった。その時の高校生たちの調理技術のクオリティは「結婚式の披露宴レベル」であり，それに驚くとともに，一生懸命の生徒や先生に惚れて交流が続く。このイベント終了後，さらに，地元産品の伊勢いもを使った手延べうどんを協力して開発するなど，両者の関係は続く。

そんな中で，村林先生が岸川さんに相談する。「食物料理科の高校生たちが，調理だけでなく，接客や収支管理も含めた運営を体験できる実践的学習の場があればいいのですが」。コストや接客も教えることのできる場，緊張感のある実践的学習の場づくりが構想された。そこから，「レストラン」をつくろうという構想が生まれる。岸川は，多気町五桂池ふるさと村（農産物直売施設）の役員会に，高校生のためのレストランの出店を打診するも，高校生には難しいと断られる。しかし，試験的に生徒をアルバイトで受け入れてもらうことで，その真剣さやすがすがしさといった姿勢に役員たちも心が動き，出店が認められた。

「地元農産物のPRと地産地消を進めて地域を活性化したい」という町役場と，多気町五桂池ふるさと村（農産物直売施設）も協力して，産学官連携方式で，ふるさと村の中に相可高校食物調理科の料理研修施設「まごの店」

図表1-1　ステージ1：高校生レストランの開業時代の構図

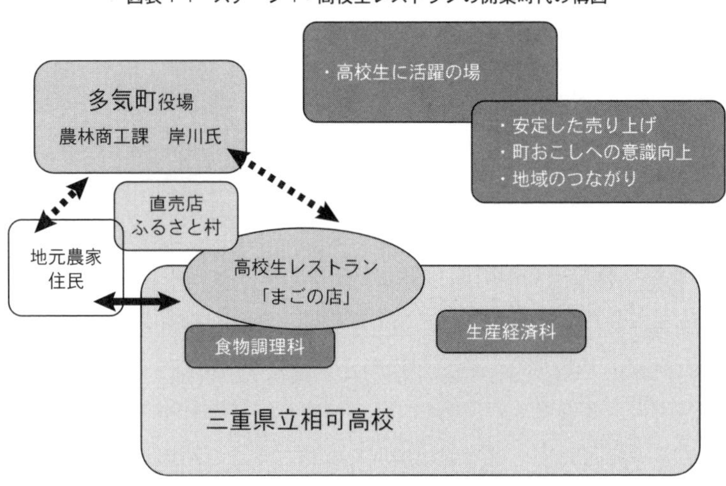

（出所）　筆者作成。

が2002年10月にオープンする。ふるさと村が，改装費用400万円と，全責任を負う形式での出店であった。その反響は大きく，高校生たちのきびきびとした元気な姿や美味しいうどんなどが話題を呼び，ふるさと村への入場者数の増加と売上向上という地域活性化への一歩を築く。初年度売上が1,150万円を達成して，ふるさと村の来客数の増加につながった。

この取り組みは文科省でも評価され，多気町としても，ふるさと村としても相可高校食物調理科を応援しようという機運が高まり，2005年2月には，新しい「まごの店」が建設される。県と町が9,000万円をかけて，377 m²の店が新築された。2つの厨房と研修室，そして客席50席のレストランとギャラリーが設置された店舗が新築された。客席には，厨房の様子がライブで楽しめるモニターも設置されている。

営業日は，学校の休みの日の土日祝だけだが，その日をめがけて県外からもお客が来るようになり，開店前に行列ができるほどになる。初年度で売上が約5,000万円。利益は，地域農家から仕入れる材料費に使われた。その様子が，「高校生レストラン」として日本テレビ系列でドラマ化（2011年5

高校生レストラン「まごの店」

（出所）　筆者撮影。

月～7月）されて，さらに知名度を上げる。

2.2　ステージ2：(株) 相可フード設立

2007年5月，多気町まちづくり仕掛人塾が発足する。これはまちづくりのプロデューサー集団の市民団体であり，町長から委嘱された30名弱のメンバーからなるボランティア組織だ。メンバーの過半数がOKを出せば，プロジェクトが発足する仕組みである。

このまちづくり仕掛人塾の手がけたプロジェクトの1つが，相可高校の食物調理科のOBが中心となって運営する惣菜とお弁当の店，(株) 相可フードネット「せんぱいの店」である。(株) 相可フードネットは，市民団体「多気町まちづくり仕掛け人塾」の発案で2008年8月に設立される。「地産地消」を掲げて，地域の人たちと協働しながら運営する「食に関する会社」だ。食物調理科OBたちの就職先をつくるという目的も込めて，町役場の岸川さん，村林先生，小西蔀さん（相可フードネット代表取締役）らが中心となって立ち上げた会社だ。約1億円の年商で，27名を雇用している。

このように相可高校と多気町と農家の交流が盛んになり，地域に明るいニュースが増え，町おこしの機運が高まっていく。

高校生レストラン「まごの店」内部

（出所）筆者撮影。

図表1-2　ステージ2：（株）相可フード設立時代

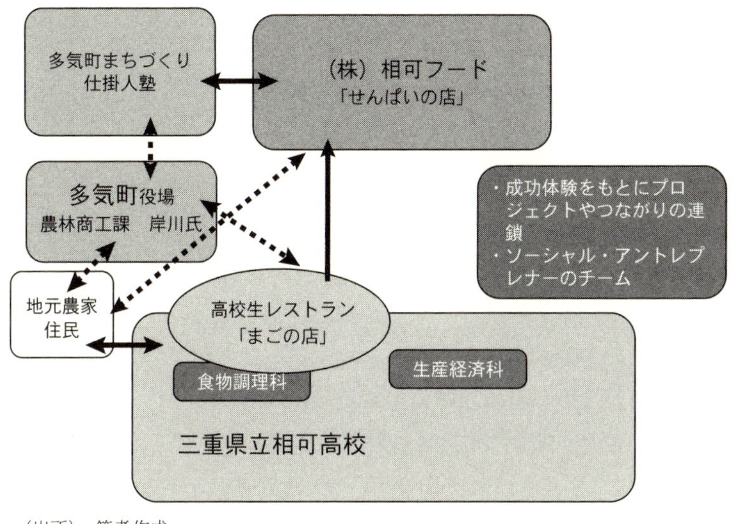

（出所）　筆者作成。

2.3　ステージ3：高校生NPOと地域企業の協働

(1)　高校生がNPOをつくる

一方，相可高校生産経済科の生徒たちは，2006年に「植える美ing」というNPOを設立する。きっかけは，1人の男子高校生の言葉だった。「高校生でもNPOがつくれるのだったら，つくったら面白いのでは」。生産経済科では，生物生産と経済の仕組みを学び，経済に強く，環境に優しい産業人の育成を目指している。その教育の一環で，園芸福祉シンポジウムに参加したときに，他の発表者の多くがNPOだったことから，生徒たちがNPOに興味を持ったのだ。

2005年夏頃から生徒有志と生産経済科教諭の新谷和昭先生は，NPO設立に向けて動き出す。その過程で，外部からは高校生が設立するのは無理だと言われたこともあったが，諦めずに，何度も申請書類を書き直して，NPOを設立する。

生物経済学科として園芸福祉活動をしていた時は，予算がなく，満足に活動できないことが多かった。しかし，NPOならば，補助金や助成金を獲得して，活動の幅を広げることが可能である。園芸福祉に関する事業を行い，地域社会への福祉の進展に寄与することを目的に，NPOは設立された。具体的には，福祉や園芸福祉に関する調査・研究や各種プロジェクトを立ち上げることが想定された。このNPO法人設立は，隣の食物調理科が世間の注目を集めて活躍していることに刺激された面も大きい。

新谷先生と町役場の岸川さんは，NPO法人立ち上げの際に知り合う。そして，2010年春に，岸川さんから提案が出される。この高校生NPOと万協製薬（株）さんとで，一緒に何かしてみたら面白いのではないだろうかと。

当時，高校生NPOは，一度は注目を集めたものの，会費内で動くことしかできず，地味な活動をほそぼそと継続する状況であった。岸川さんからの提案を受けて，NPO法人植える美ingの中でプロジェクト・チームをつくり，万協製薬（株）のもとへ向かうこととなる。

(2)　多気町に進出した先駆的企業

万協製薬（株）は，1960年に外用薬の製造工場として神戸市に設立される。1995年1月の阪神淡路大震災によって神戸工場が全壊したため，1996年に多気町に本社と工場を移転して今日に至る。17年前に多気町に移ってから，50倍以上の規模に成長した。

しかしながら，OEM生産（相手先ブランドによる受託製造）を主事業としていたため，地域の中でも顔の見えづらい企業であると常々思っていた松浦信男社長は，2005年頃から，本業を生かしたCSRの一環として，地域産品を活用したスキンケア製品の開発・販売事業に乗り出す。「地域貢献ブランド」と名づけられた商品群は，万協製薬のことを三重県の人にもっとわかってもらい，恩返しをしたいという思いから生まれた。地域の人たちと一緒に地域の産品を使った商品をつくり，一緒に販売する製品である。三重県産の廃棄対象資源である，「あおさ」「菱の実」「米ぬか」「規格外真珠」「檜の間伐材」「間引きされたみかん」等を各々活用して，伊勢志摩真珠クリーム，伊賀菱忍者クリーム，熊野古道クリーム・乳液といった製品が誕生した。

また高い顧客満足と従業員満足を生み出す革新的なビジネスモデルと明朗快活な組織文化等が評価されて，2009年度日本経営品質賞（中小規模部門）を受賞する。

2010年の春，町役場の岸川さんが松浦社長に声をかける。「松浦社長，多気町の活性化にも取り組んでいただけませんか。たとえば，相可高校食物調理科はとても有名になり，その実践が地域の活性化につながっています。今度は，生物経済学科にも光を当ててみたいとおもうのですが，彼らと一緒に何かクリームでも作ってもらえませんか」と口説いた。

口説いた岸川さんには，信条があった。「地域にある資源をひとつひとつ一生懸命磨いて，くっつけて，宝物にしていく。真面目に活用していく。それこそが，100年，200年先を見据えた多気町の夢や誇りにつながる活動だ」という思い。そして，岸川さんの宝探しの中で，万協製薬（株）に白羽の矢が立った。

松浦社長はその場で快諾して，協働のテーブルが開かれることになった。

(3)　高校生からのダメだし

2010年5月第4週に，第1回目の顔合わせが行われる。テーブルに着いたのは，生産経済科生徒でNPO会員である6名と新谷先生，万協製薬社長の松浦さんと担当者2名，そして多気町の岸川さん他3名であった。

当初，万協製薬（株）では，「真の協働は難しいだろう」と予想して，コンセプトやひな形等すべてを企業がお膳立てして，ところどころ高校生NPOのアイデアを取り入れるという簡単な方法を考えていた。したがって，第1回目の会議で，万協製薬（株）側では，すでにサンプルを用意していた。福祉をテーマに，シニアを対象としたひざ痛対策のクリーム「まごのクリーム」という提案をした。しかし，高校生たちはその提案を全否定する。「そんなのやりたくないです」。

しかし，当時の生徒たちは，自信なげで人の目を見て話すことも難しそうで，敬語が使えず，ため口で話す状況であった。当時1年生として参加していた峯川さんは「2年生の先輩の意見を聞くだけで精一杯で，とても緊張していた」と回想する。

そんな高校生たちの状況に，内心「大丈夫だろうか」と不安を抱きながらも，万協製薬（株）は「それでは，どんな商品を開発したいか考えてきてください」と高校生NPOに宿題を出す。生徒たちは，3週間，さまざまなことを調べた。万協製薬（株）はどんな製品をつくり，どんな技術があるのか。また地域の未活用の産品は何なのか。自分たちが本当につくってみたい商品は何なのか。そして，商品コンセプトを考案した。

2回目の会議で，高校生NPOは「地域産品を活用して，ニベアのような超一流のハンドクリームをつくりたい」と言う。さらに，万協製薬（株）が経営品質賞やモンドセレクション最高金賞を2年連続してとっていることを知り，「我々もモンドセレクションを取りたい」と意気込みを見せるようになる。さらに，「まごの店レストランのお土産として買って帰れるものというコンセプトで進めたい」と逆提案する。

当初想定した「予定調和的な協働」という松浦社長の見通しが崩れたのは，この第2回目の会議と，コラボ商品開発費を生徒たちが自力で獲得した頃。高校生NPOの頑張りを見たからであった。コラボ商品の開発費用は300万円。そのうち100万円を（株）相可フードネットが後輩のためにと出資して，残りの200万円は県のビジネスプランコンペで高校生NPO自身がプレゼンして獲得した。

(4)　コラボ商品づくり

万協製薬（株）では，通常2カ月ほどの時間で化粧品を開発している。今回の高校生との真剣勝負の共同開発では，6カ月以上の時間をかけて，丁寧に高校生NPOと向き合いながら，一方で生徒たちを育てながら，製品づくりを進めた。 万協製薬（株）は，社長と担当者2名の人件費，実験室からラボまで全て，協働開発に惜しみなく時間とノウハウその他をつぎ込んだ。

高校生NPOは，商品コンセプトからパッケージ・デザイン，ネーミングに至るまで，全て責任を持って決めていった。高校生NPOが考えた商品コンセプトは，多気町産品を使用した製品で，「お母さんやおばあちゃん，女性が使い，しあわせになってもらう」だった。まず高校生NPOは，学内外で120人にアンケート調査をして，ニーズを分析することで，当初のハンドクリーム案から，べたつかないジェルタイプに変更することを提案する。こうして，多気町の特産物である伊勢茶エキス，柿葉エキス，みかんオイルを使用したハンドジェルの開発が始まった。

パッケージ・デザインについても，万協製薬側の予想をはるかに上回る提案が行われた。当初，万協製薬では，パッケージは容器型にして，高級感を醸し出すデザインにしようと想定していた。デザイナーにパッケージ・デザインをつくってもらう予定だった。

しかし，高校生NPOがデザインを学内で募集して，学内コンペを開催して，その結果，上位3案として選んだものは，チューブ型パッケージで，かつそのデザインは，手が強調されたデフォルメ・アニメの乙女チックなものだった。松浦社長は正直「こんなんあかん，絶対売れへん。落書きみたいや

まごころコスメシリーズのパッケージ・デザイン

（出所）筆者撮影。

ないか。6色づかいのチューブだなんて，歯磨き粉みたいでありえない，しかも余分にコストもかさむ」と当時を振り返る。しかし，ターゲットの女性たちに，高校生のデザインについてアンケートをとってみると「持ち歩くのにかわいい」という高評価が得られた。

こうして，高校生NPOからたくさんの提案が出され，それらは，時に万協製薬側の常識をゆさぶるような内容であったが，丁寧に議論を重ねていった。5月，6月と月1回の打ち合わせが，7月～8月に入ると毎週打ち合わせをしている。この頃から万協製薬（株）は生徒たちの感覚を信じるようになっていく。試作品の質感やデザイン確認，調合・充填・包装等の一連の製造プロセス全てに高校生NPOは立ち合い確認した。

また同時に，高校生たちを育てようという町ぐるみの協力が始まった。まず生産経済学科全員にマナー研修を4回以上開催して，大人のルールを教えた。万協製薬でも，「この機会にできる限り企業について知ってもらおう」という考えに基づき，「会社・マネジメント，CSR，マーケティング」といった簡易な経営講義をして，高校生NPOの意識を高めていく協力をした。

(5)　販売に向けての取り決め

販売に向けての準備として，様々な取り決めも同時に進める。さすがに，高校や高校生NPOが発売元になることはできず，高校生NPOのかわりに（株）相可フードネット「せんぱいの店」が発売元となる。顧客からの窓口としても，リスク管理上においても，企業（相可フードネット）が間に入ることが都合がよいからである。また万協製薬（株）も商品をネットその他で発売する。商品のパッケージには，企画・開発「三重県相可高校 生産経済科」，発売元「（株）相可フードネット」，製造販売元「万協製薬（株）」と明記されている。

製品売上げの5%分が生産経済科の高校生NPO「植える美ing」に現物寄付されることになった。最初に寄付された現物商品は，相可高校の全生徒に配った。その後の寄付商品は，高校生NPOが販売して現金化することで，

NPO の活動資金にしている。

こうして，2010 年 10 月下旬，満を持して「まごころ tea ハンドジェル」は発売された。現在も協働は継続中で，まごころシリーズとして製品ラインアップを拡大中である。リップクリーム，日焼け止め BB クリーム，ハンドクリーム，化粧水と，6 商品が共同開発され販売されている（2013 年 4 月現在）。

ハンドジェルは，2012 年度モンドセレクション銀賞を獲得する。2010 年 10 月から 2012 年 11 月までに，シリーズ総販売数は 6 万 4,121 個，売上総額は 1,855 万 2,930 円となった。

(6)　感動した取引先企業が仲間に入る

万協製薬（株）の松浦社長は，この取り組みを皆に知ってほしいと心から思うようになる。生徒たちが育ち，多気町の多くの人々が協力してつくりあげた「まごころコスメ」。日本中に知らせれば，地域活性化の可能性を示すことができ，皆が元気になるのではないか。そんなことを思い，まずは「まごころ tea ハンドジェル」を取引先企業に送る。そのうちの 1 社，（株）近江兄弟社がハンドジェル製品とそのストーリーに感動して動き，まごコスメシリーズとしてリップクリームを共同開発することになる。

2011 年 6 月に（株）近江兄弟社も入って会議が開催される。（株）近江兄弟社は，まごコスメシリーズのリップクリームを冬に発売したい，そのためには 9 月に形ができていないと間に合わないと開発を急いでいた。したがって，第 1 回目の会議では「アウトラインをつくって，それを生徒と検討する方法」を提案するが，多気町の岸川さんや生徒たちは承諾しなかった。ゼロベースから高校生も関わらないと意味がないと合意してから，共同開発はスタートする。

ここでも，生徒たちと企業は真摯な態度で協働する。たとえば，高校生 NPO はリップクリームを「金太郎あめ」のようにデザインしてほしいとリクエストしたことがあった。（株）近江兄弟社は技術的に無理だとわかっていたが，そのリクエストも含めて，プロトタイプを3種類つくってきた。金太郎あめ型のリップを使用してみると，次第に絵がわからなくなることに生徒たちは納得して，違うデザインに変更するというやり取りもあった。

企業が誠実であれば，生徒たちも真剣だった。(株) 近江兄弟社社長が，万協製薬の松浦社長に驚きと感心の電話をしたことがある。「リップクリームのパッケージ・デザインが，生徒とプロとの間で最後まで意見が分かれて。それで女子生徒が泣きながら訴えてきたのですよ，大人の世界ではこれは無理なことですかと。今まで従業員が泣きながら訴えてきたことがありますか，ないですよね」。

こうして，2011年11月に「まごころteaリップクリーム」は発売された。2012年4月には，隣の食物調理科の同級生の手荒れを見てどうにかしたいと考案した，保湿性を高めた「ゆず香るまごころhoneyクリーム」を製品化。さらに，日焼け止めBBクリーム「まごころBBミルク」「まごこ

図表1-3　ステージ3：高校生NPOと地域企業の協働時代

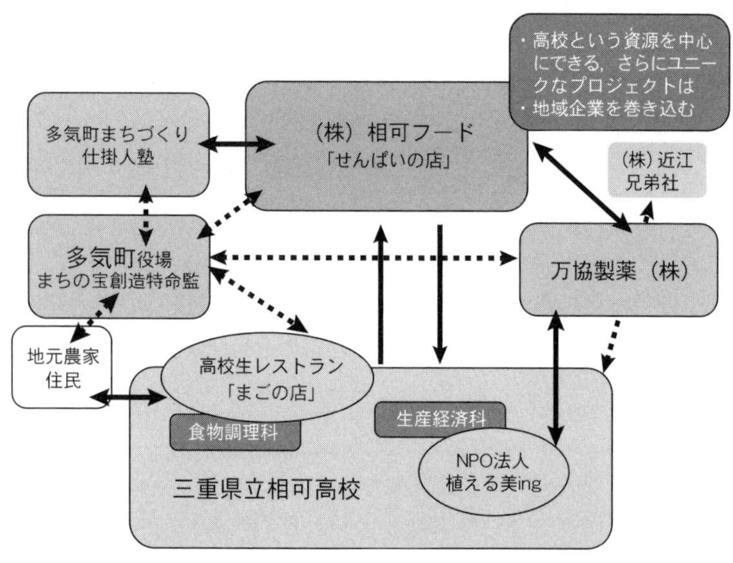

（出所）　筆者作成。

ろ SP ミルク」と立て続けに共同開発商品を発売することができた。

(7) 女子高生，韓国で営業する

現在も，2 年生 6 人，1 年生 5 人の 11 人程度のメンバーが中心となって，このプロジェクトは継続中だ。企画立案だけでなく，販売面においても，店頭販売や営業を生徒が経験した。おそろいの「かきみちゃん（パッケージ・デザインのキャラクター）T シャツ」や法被を着て，東京や広島，大阪のドラッグストアで販売活動を展開する。韓国営業にも松浦社長と一緒に行く。店頭販売では生徒間で売り上げを競争して，「一番経験がある私が一番売れなくて，思わず泣いてしまったことも」と語る峯川さん。高校生 NPO はさまざまな体験をして，その中で生徒たちは成長した。気づいたら，敬語を使い，人の目を見てきちんと話すことができるようになっていた。

(8) ガチンコ協働で得たもの（協働の成果と組織の成長，社会への影響）

この協働に関わる人々は，組織の垣根を越えて，1 つのチームとしてのまとまりを見せるようになり，いつしか「チームまごころ」と呼び合うようになっていた。「チームまごころ」には，松浦社長が作曲作詞したテーマソングもある。生徒たちや岸川さんがその歌を歌った CD もある。高校生 NPO と企業と町の協働は，お互いの違いを面白がって，文化祭のようにエネルギッシュにパワフルに，そして即興も交えながら進んでいった。

もちろんそこには，大変なこともたくさんあった。遊びたい盛りの高校生たちは，学業と両立させながら，この協働事業にかかりきりであり，また大人とつきあう中で，常に自分を律するようになり，ときには監視されているような気分になったこともある。「とても楽しいけれども，ある意味厳しくてハードな活動でもあったので，辞めたいと思ったこともありました。」と峯川さん。現に途中で辞めた生徒もいる。担当の新谷先生は「彼女たちの孫ができた時にこの商品があって欲しいのです。10 年後に，この時の経験の貴重さがわかってもらえれば，それでいいと思っています」と応援し続け

た。

嬉しい想定外もたくさん起こっている。万協製薬（株）の提案で韓国まで営業にいったこと。モンドセレクション銀賞を得たこと，三重県知事にあったこと。そして，相可高校の知名度，人気，入試倍率が高くなったこと。何よりもこの協働で，生徒たちは自信と誇りを勝ち得る。

もちろん，まだまだ課題はある。営業にかかる交通費は，すべて万協製薬（株）が払っていた。「最終的には，そういった様々なコストまで高校生NPOが考えて活動できるようになってほしい。営業先の開拓やアポ取りまでできれば理想的ですね。」と岸川さんは言う。

万協製薬（株）は相可高校，多気町と連絡を密にとり，連携してここまで進んできた。企業にとっても，たくさんの収穫がある取り組みだった。たとえば「かわいい」の概念を取り入れたマーケティング。（株）近江兄弟社では，この協働がきっかけとなり，女子開発チームがつくられた。万協製薬（株）では，多気町に愛着がますます湧くような，強力なストーリー性を持つすばらしい製品シリーズを生み出せた。また多気町に立脚する企業市民として，町を元気にする取り組みを行えた。この協働事業は，多気町にたくさんの夢と希望とつながりを生み出した。

(9)　まごころコスメシリーズが生み出した価値

チームまごころのメンバーは，以下のように，この協働事例を振り返っている。万協製薬の松浦社長は「想定外に進んだことの面白さ」「ライブ感覚の楽しさ」「このコラボを語る幸せ」「地域からの発信で，日本を元気にしたいという想い」を，高校生NPO植える美ingの峯川さんは「とてもたくさんの体験ができた。幸せの輪を広げるNPO活動の一環であったが，一番幸せだったのは自分たちだったかもしれない。」と。そして多気町役場の岸川さんは「大人にこれだけ愛されていると，ここ（多気町）に残りたくなるのだと思います」と。多気町に残って就職する道を選ぶ高校生が増えているのだ。

インタビューの途中，私たちの目の前で，松浦社長は，峯川さんに内定通知書を交付した。これも即興である。し忘れていたことを思い出した松浦社長の粋な計らいであった。こうして峯川さんは，2013年4月から万協製薬(株) の社員となった。

登場人物たちの善意，真摯な思い，それらが結びついてできた今回の協働。高校生と一緒に，1つ1つの商品にきちんとしたコンセプトをつくり，ストーリー性，意味づけを込めて創造した「まごコスメ」シリーズ。その舞台裏では，松浦社長いわく，「企業のおじさんたちがノリノリになって」，生徒たちの発想とデザインを育てようと頑張った。生徒たちは，企業のマーケティングや仕事の概念にショックを与えるような提案と姿勢を示した。そして何よりも，真摯に取り組んだことで人として成長して，大人たちを驚かせた。人は「舞台（機会）と温かい信頼さえ与えられれば，こんなにも育つ」という事実こそ，この協働事業が実証した大きな成果とも考えられる。この事実の積み重ねこそが，多気町で育まれている貴重な宝となる経験であり，社会的な価値だと思われる。

3. 事例分析

先に提示した①～⑥の分析視点で，この事例における岸川さんのソーシャル・アントレプレナーシップを検討する。

① 手元資源でやりくり

岸川さんは，地域資源をつなぎ合わせて磨いて宝物をつくっていく，というスタンスを一貫してとってきている。今回の事例でも，町で唯一の高校，しかも廃校の危機に追い込まれていた高校を，貴重な地域資源ととらえて，町の他の資源と組み合わせることで，高校（生）に磨きをかけた。具体的には，㈱相可フード「せんぱいの店」でも，高校生レストラン「まごの店」でも，共同開発の「まごコスメ」シリーズでも，活用しているのは，地域でとれる農産物であり，岸川さんを中心とした多気町まちづくり仕掛人塾という市民組織や万協製薬という企業がコミットして実現した動きである。

② 制約逸脱

高校がビジネスに関与する動きは，今でこそ珍しくないものの，当時は先駆的な実践であった。ある意味，制約と考えられていたであろう，公立高校でのビジネス運営に関して，強い信念と工夫で実現していった。高校生レストラン「まごの店」は，土日祝だけの営業として，修行・教育の場として徹底した運営をしている。利益は，すべて事業投資に回っている。そして，地域活性化の要として，町民皆で見守る構図ができあがっている。まごころコスメシリーズでは，高校生 NPO が製品を販売することは困難なため，㈱相可フードネットを間に挟むことで，高校生 NPO のビジネスへの積極的関与を促した。

③ 即興

岸川さんの動きは，最初から緻密に計画されたものではない。むしろ，町内のさまざまな接点から，アイデアを即興でどんどん膨らませて，その点と点，線と線をつなぎ合わせて，面にしていく動きである。

④ 社会的価値

これらの活動で生み出された地域のつながり，信頼，誇りは，まさにソーシャル・キャピタルを豊かにするものである。この豊かなソーシャル・キャピタルは，次への展開へと広がっていった。プロジェクトを通して町の大人たちとさまざまな交流をして，大人に愛される経験をする高校生たちは，地元愛に目覚めて，地元への就職を希望するようになる。高校の入試倍率は格段に上がった。地域産品への注目も高まる。パブリシティ効果によって，地域がブランディングされる。まごの店モデルは，北海道三笠高校へ成果移転されることになった。

⑤ ステークホルダーの参加，⑥説得

まちの宝創造特命監の岸川さんと，まちづくり仕掛人塾が中心となって生み出された各種プロジェクトは，地域のステークホルダーの参加によって実現された。その際，「相可高校を相手に，協働で何かしてみませんか」という説得をしているが，町の抱える課題解決への信念と覚悟と，それに基づく工夫とあきらめない精神が，さまざまなステークホルダーの心を動かした。まごの店は，最初，ふるさと村につくることを断られた。しかし，岸川さんたちは諦めずに，まずは高校生をアルバイトとして働かせる場をつくることで，高校生と大人の接点をつくりあげた。そこで生まれた信頼関係が，まごの店の実現につながる。

まごころコスメの万協製薬は，すぐに協働を快諾している。しかしながら，当初は，本気の協働ではなく，形だけの協働にならざるを得ないだろうと考えていた。それが，ゼロから高校生がコミットしなければ，町の活性化にも，高校の活性化にも意味がないという，岸川さんや生徒たちの姿に，考え方を改めている。

4. まとめ

小規模地域活性化（地域再生）におけるソーシャル・アントレプレナーシップと協働についてみてきた。この事例から導き出せる実践的インプリケーションとして，次の点があげられる。

① 地域資源にこだわる。

地域にいると，とかく，ないものばかりが目につく。ないものを探すのではなく，存在しているものに徹底的に注目して，それらをどう組み合わせれば磨かれるのか，というスタンスで活動する必要がある。

② アイデアは実行に移して実験する。

突拍子もないアイデアでも歓迎する姿勢で，アクティブな市民メンバーが知恵をだせる場を創出して，実験的に試行する姿勢が大切である。地縁組織は，これまでの常識や制約の範囲内で動くことが多いため，そこに頼るのではなく，むしろ，アクティブな市民を探し出してきてつなげることが必要である。

③ 自分たちで考える。

地域再生には，コミュニティ・エンパワーメントが必要不可欠であることを冒頭に述べたが，換言すれば，市民1人ひとりが，信念と覚悟をもって，地域課題の解決にコミットして，自分たちで考え実験する姿勢が重要である。その動きを促すためのプラットフォーム，この事例では，まちづくり仕掛人塾であるが，そのような場づくりも意図的に行っていく必要がある。

④ 信念と覚悟の重要性

岸川さんは，「正しい取り組みを正しい方法で行っているか」を，いつも価値判断のベースにおいて行動してきたと言う。失敗への恐怖や畏怖心に打ち勝つには，信念に基づく覚悟が必要になる。またその姿は，共感や感動を生じさせ，ステークホルダーの巻き込みにつながる。

⑤ プロジェクトが立ち上がったら，できない理由は探さない。

プロジェクトが立ち上がったら，どんな形であろうとも完遂を目指すことが重要である。そこでの失敗の数々は，貴重な勉強の機会である。できない理由の前に立ちすくむことほど意味がない。

⑥ 外部から評価される取り組みを目指す。

参画しているステークホルダーのモチベーションをあげるために，外部からの評価といったものも活用する。もちろん，プロジェクト自体が，信念に基づいた社会的意義のある活動であるならば，実践の中で内発的モチベーションは上がるであろう。それに，外部評価という外発的モチベーションを上げる要素が組み合わされば，モチベーション・マネジメントとしては理想的な形になる。

⑦ ビジネスの形態にこだわる。でも適当力も必要

持続可能なプロジェクトとするためには，ビジネス形態のプロジェクトにする必要がある。その際，厳密に計画を詰めればよいというものではなく，ある意味，プロジェクトを駆動させるための適当力といったものも必要になる。そして，即興を楽しみながら柔軟にプロジェクトを進めることが重要だ。

小規模な地域活性化（地域再生）のソーシャル・アントレプレナーシップとは，①手元資源でのやりくり，②制約に縛られることからの逸脱，③即興，④社会的価値創造，⑤ステークホルダーの参画，⑥説得のブリコラージ理論を援用した視点で説明できることを，事例に基づいて説明してきた。地域の魅力を高めるためには，域内の意外な資源をつなぐことで，ストーリー性を生み出し，各資源を育て，小さな実験を繰り返しながら即興で展開させていく試みが重要であろう。また創造しようとする社会的価値の解釈に幅を持たせて行動の幅を広げる必要もあるだろう。このような姿勢のソーシャル・アントレプレナーシップは，地域のソーシャル・キャピタルを豊かにして，地域協働を促進するであろう。

参考文献

岩満賢次（2011）「地域再生における社会的企業の社会的所有の意義」『人間福祉学研究』第4巻第1号，21-28頁。

横山恵子（2013）「我々はチームまごころ：高校生NPO＋地元企業の真剣協働」『企業が伸びる 地域が活きる』サンライズ出版，8-17頁。

Domenico, M. D., Haugh, H. and Tracey, P. (2010), "Social Bricolage: Theorizing Social Value Creation in Social Enterprises", *Entrepreneurship Theory and Practice*, July, pp.681–703.

Smith, B. R. and Stevens, C. E. (2010), "Different types of social entrepreneurship: The role of geography and embeddedness on the measurement and scaling of social value", *Entrepreneurship & Regional Development*, Vol.22, No.6, pp.575–598.

コラム ❶

ソーシャル・アントレプレナーが
小さな手仕事創造で被災地に笑顔を生んだ協働

NPO法人遠野山・里・暮らしネットワーク＆株式会社福市

小さな手仕事をつくって，東北の被災地と世界を結ぶプロジェクト「EAST LOOP」は，2011年3月の東日本大震災後2カ月弱でスタートした被災地支援プロジェクトである。「EAST LOOP」とは，東北沿岸被災地の女性たちが編むニット製品の生産・販売の仕事づくりを目的とした事業で，彼女たちが生産した製品群のブランド名でもある。被災地でいち早くスタートしたこの事業は，当初1年間の予定で始まったが，累計売上げ7,000万円に達し（2014年度末時点），2016年5月現在も継続している。このプロジェクトで協働しているのは，NPO法人遠野山・里・暮らしネットワーク（以下，「NPO遠野山里ネット」と表記）と，フェアトレード・カンパニーの株式会社福市である。

NPO遠野山里ネットは，仮設住宅で暮らす被災した女性たちを組織化し

高津社長

（出所）　筆者撮影。

て，地域ごとに編み手チームをつくりマネジメントし，（株）福市は，企画デザインから販売のマーケティング全般を担当している。被災した女性たちの小さな手仕事でできるニット製品は，一流百貨店やネット通販等で販売される。収益の5割近くが編み手である被災した女性たちに渡るため，これまでに，彼女たちは累計3,400万円もの収入を得ている。

福市の高津玉枝代表取締役は，被災地のNPOに飛び込み訪問して，被災者に対して手仕事をつくることを提案する。同社の本業であるフェアトレード事業の考え方を適用した提案だった。NPO遠野里山ネットと福市は協議を繰り返して，最終的に，被災地沿岸部において編み物の仕事を創造すること決める。

事業の流れとしては，まず福市が編み物製品の企画デザインを担い，NPO遠野山里ネットは，東北沿岸部に散らばる被災された女性たちを組織化して，地域ごとに編み手グループを編成した。編み手グループは，沿岸部に7カ所あり，この編み手グループに，福市から企画デザインが提供され，新しい企画デザインができあがるたびに，講習会が開かれる。編み物の生産管理は，NPO遠野山里ネットが担当して，完成した製品は点検後，福市に納品される。福市は，販路開拓，WEBショップ運営，販売展示，PR・宣伝，「EAST LOOP」のホームページやフェイスブックの運営といったマー

EAST LOOPを販売している阪急デパート商品棚

（出所）筆者撮影。

ケティング業務を一手に担っている。そして，生産管理と，編み手へのお給料の手渡しは，NPO 遠野山里ネットが行っている。

このプロジェクトは，被災者支援プロジェクトにとどまらずに，被災者以外も対象とした，過疎地域における仕事創造という新しいステージに発展している。2014 年 7 月から，EAST LOOP プロジェクトは「合同会社東北クロッシェ村」に事業移管した。東北クロッシェ村は，東北地方の全女性たちを対象に，東北発の手仕事ブランドを確立していくために，NPO 遠野山里ネットと福市のサポートの下，設立された会社である。「過疎が進む地域をビジネスで活性化させる」という NPO と企業両者の願いが込められている。

[第 11 回日本パートナーシップ大賞でオルタナ賞受賞]

（横山恵子）

1. 協働とは何か

本章では，シティプロモーションを戦略的協働という視点から検討していく。

その前提として「戦略的協働とは何か」，「地域とは何か」という筆者なりの定義を行ったうえで，地域にとってのシティプロモーションの意味を，戦略的協働という視点を重要なものとして確認していくという順序で著述する。

さらに，特定非営利活動法人パートナーシップ・サポートセンターが長く主催してきた，NPOと企業の協働を顕彰するパートナーシップ大賞事業の優秀事例から，シティプロモーションにつながる部分を提起し，シティプロモーションにとって，戦略的協働が必須であることを明らかにする。

まず，戦略的協働とは何かを考える。

協働という言葉には多様な理解があり得るが，筆者は戦略的協働を「共通する目的実現のための異なるアクターによる意図的な相互補完」と捉える。もちろん，戦略的協働を構成するアクターはそれぞれの目的を持つが，戦略的協働の対象となる事業そのものにも目的が存在し，その事業の目的を意識的，論理的に実現するために形成されるものが協働であると考える。

また，戦略的協働とはまったく同じ立場のアクターによる協働ではなく，協働を主唱するアクターAと，その主唱に呼応するアクターB他という異なった立場によって構成されると考える。協働を主唱するアクターAが提起した目的があり，その目的を実現するにはAだけでは十分ではない時に，協働が呼びかけられ，Bが呼応することによって，戦略的協働が成立する。同じ目的がほぼ同時に別のアクターAとBによって提起され，それぞれが，自らの組織リソースに目的実現のために十分ではない部分を発見し，協働を主唱した時に，たまたま，AとBが相互補完できる状況にあったということはあり得ないとは言わないが，多くあるケースではないだろう。

このとき重要なことは戦略的協働においては協働そのものを目的とは考えないという点である。戦略的協働には先んじて協働主唱者Aが存在すると考えれば，本来はA単独で行うことが最も合理的になる。もともと，企業とはリソースを内部化することで合理的な振る舞いを可能とするために存在する。そう考えれば関与するアクターが多ければ多いほどいいという発想は採れないことになる。いわば，最小限協働こそがむしろ望ましいということになる。

ここで，戦略的協働という言葉を用いた意義が明らかになる。戦略を構成する要素は，明確な可能な限り定量的な目的設定と，その目的実現のための最も合理的な手順設定である。

求められるものが戦略的協働である以上，目的を実現するために2者の協働で足りるにも関わらず，第3のアクターが関与することは目的実現のために必要となるリソースが大きくなることにつながる，つまり目的実現のために最も合理的な手順設定という戦略の要素を逸脱することになる。もちろん，リスクをヘッジするために余剰なアクターを関与させることはあり得る。しかし，その場合も，リスクを十分に見極め，ヘッジしなければならない量を超えて，新たなアクターの参入を許容することは資源配分として適切ではない。

戦略的協働は相互補完でなければならない。そのためには，それぞれのアクターが，目的実現にとっての自らの弱みを明確に意識し，さらに協働相手に開示しなければならない。協働相手は，相手の弱みを補完できる強みを示しあうことで，戦略的協働の基礎が形成される（図表2-1）。

ここでA・B2者では十分にそれぞれの弱みを補完しきれず，第3者Cの関与によってそれぞれの弱みが補完できる方程式を解くことができるならば，Cの関与は意義を持つことになる。ただし，協働主唱者AにとってBの存在がなくとも，AとCの協働によって目的が実現できるのであれば，Bとの協働は不要になる。もちろんAとBの協働に向けた取り組みが開始された以降では，Aが協働主唱者であり，Bが協働呼応者であっても，一方的

図表 2-1　戦略的協働の模式図

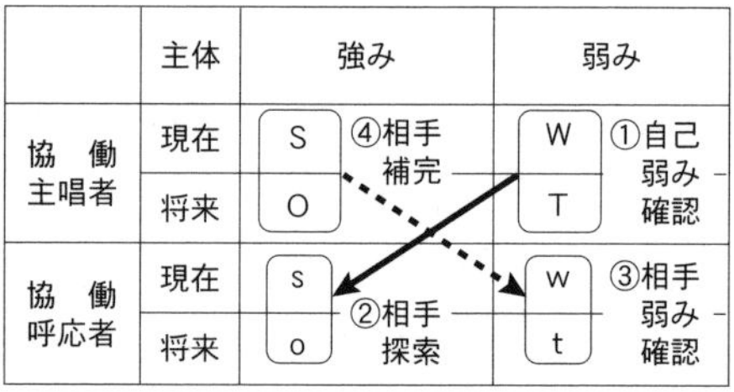

	主体	強み		弱み	
協　働 主唱者	現在	S	④相手 補完	W	①自己 弱み 確認
	将来	O		T	
協　働 呼応者	現在	s	②相手 探索	w	③相手 弱み 確認
	将来	o		t	

（出所）筆者作成。

な協働解除は困難だろう。契約等による取り決めがあれば当然だが，そうした明示的なものがなくとも，Aにとって，協働解除によるBとの関係悪化は，新たなリスク要因となり，そのリスクをヘッジするためのリソースがさらに必要になってしまうからである。

だからこそ，戦略的協働にあたっては，十分に協働呼応者が協働主唱者の目的実現にあたっての弱みを補完できるのか，協働主唱者が協働呼応者の弱みを補完できるのかを見極めなければならない。

戦略的協働においては，もう1点，留意すべき要素がある，フェイズ，ステージへの意識である。戦略的協働が目的実現のために行われるのであれば，ある事業のトータルにわたって協働しなければならないわけではない。最終目的を実現するためのアウトカムをロジカルに切り出し，そのアウトカムごとにフェイズやステージを設定する。各フェイズ，ステージが実現すべきアウトカムを生み出す際に，協働主唱者に不足しているリソースがあれば，各フェイズ，ステージごとに自らの弱みを開示し，協働呼応者による補完を行っていくという発想も必要だと考える。

2. 地域とは何か

本章では地域を単なる面積や人口，行政界としては考えない。「構造としての地域」「経営されるものとしての地域」という2つの視点によって地域を考える。

構造としての地域はコミュニティを基礎とする。コミュニティについては，G. Delanty が 2003 年に『Community』という著書によって，コミュニティに関わるそれまでの議論を総合的に分析紹介している。また，総務省は 2013 年に「新しいコミュニティのあり方に関する研究会」報告書を，2015 年には，都市部におけるコミュニティの発展方策に関する研究会報告書を発行し，日本における地域コミュニティについて政策の方向を示している。

それらを踏まえて，本章ではコミュニティを「一定の地理的範囲を基礎として関心をともにする集合」として定義する。

このように考えることによって，地域というものが孤立した個人が人口として存在する「平面」ではないことが明らかになる。地域とは，それぞれの関心を基礎とする多様な集合が，構成員を部分的に共有しつつ，ずれながら重なり合っている「立体構造」として把握できることになる。それぞれのコミュニティの関心領域それ自体も重なる。たとえば，防災への関心をともにする集合と，高齢化への関心をともにする集合は，災害時の要援護者という問題意識において共通する部分を持つことになる。

地域を構造として理解するということ自体が，一定の地理的範囲における多様な協働が存在することを前提としている（図表 2-2）。

次に，経営されるものとしての地域という視点を提起する。

一定の地理的範囲に関わる個人は，それぞれに自らの持続的な幸せを実現するために生活している。しかし，個人としての力だけでは自らの持続的な幸せの実現を担保できないときに地域という仕組みは意義を持つ。

この発想に立った時，地域は，一定の地理的範囲に関わる人々の持続的な幸せを実現するために存在することになる。地域に関わる人々の個々の力によるだけでは持続的な幸せを実現することが難しいとき，個々の人々や，人々の緩やかな集まりの「代理人」が必要となる。代理人には専門性と一定の資源保有が求められる。それらの存在が，行政であり，地域企業・ソーシャルビジネスであり，NPO（非営利組織）である。

図表 2-2　構造としての地域模式図

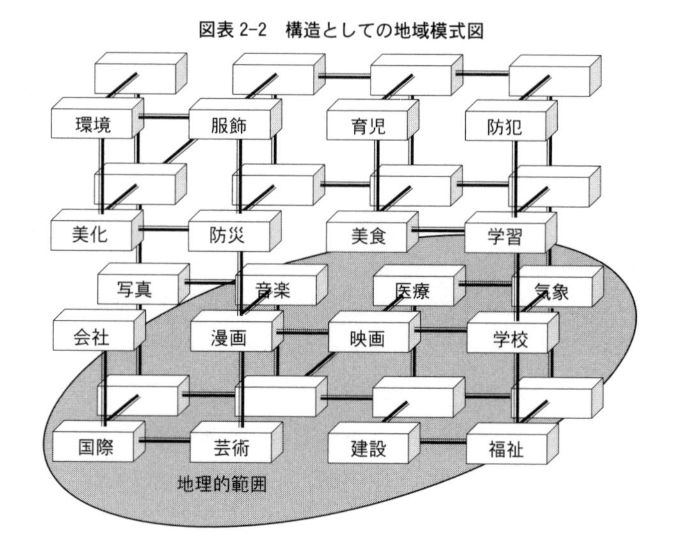

（出所）筆者作成。

このとき，個々の人々は「主権者」となる。主権者は地域に関わる人々の持続的幸福を実現するために，どのような地域をつくることが望ましいかを自ら考え，その実現のための行動の一部を代理人に託す。主権者は代理人に「お任せ」し，サービスだけを享受する存在ではない。

積極的に，構造としての地域，経営されるものとしての地域に関心を持ち，地域に関わる人々の持続的な幸福に向けて，よりよい地域を形成する意欲を持つことで主権者としての役割をはたすことになる。

代理人は主権者のこうした意欲に対応し，負託を受け，主権者だけでは担えない役割をはたすことによって，地域経営の目的を実現するために働く。

地域は，このような主権者・代理人関係によって成立している。言いかえるならば，市民は顧客にはとどまらない。顧客ではなく主権者としての意義を持つことを忘れてはならない。主権者としての市民の思いが地域をつくることになる（図表 2-3）。

これは，地域をプリンシパル（主権者）・エージェント（代理人）関係に

図表 2-3　地域経営模式図

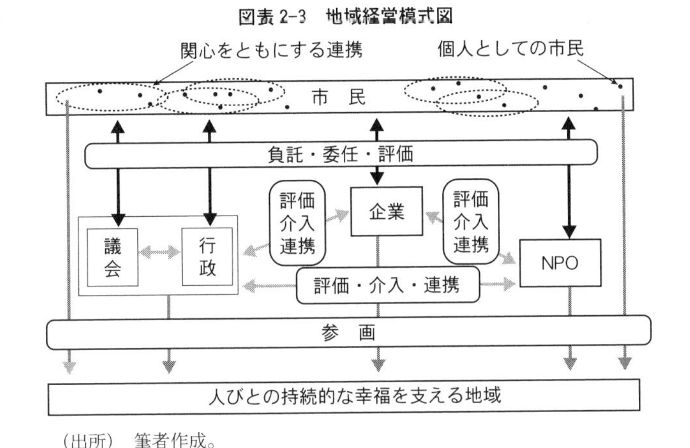

（出所）筆者作成。

よって定義しようとする考え方である。

プリンシパル・エージェント関係は，所有と経営が分離している株式会社の，企業経営のあり方を説明するときにも用いられる概念である。ここでは，企業を所有している株主をプリンシパルとし，経営の専門性を持つ経営者をエージェントとする。

地域を経営されるものとして考え，地域経営という発想を提起するとき，プリンシパルは市民であり，エージェントは行政，地域企業・ソーシャルビジネス，NPO となる。ここで特徴的な点が２つある。

ひとつは主権者自身が代理人に負託するだけではなく，自ら地域経営の目的実現のために経営に関わる点である。いわゆるまちづくり活動などがそれにあたる。河川や道路など公共空間を市民が管理するアドプト・プログラムもこれにあたる。

もうひとつは，企業経営においては経営者（あるいはボードとしての経営陣）として１つのセクターであったエージェントが，地域経営では３つのセクターに分立しているということである。行政，地域企業・ソーシャルビジネス，NPO は，それぞれの意思に基づき，市民を代理しようとする。しかし，それらが全く無関係に人々の持続的幸福を実現しようとしても非効率であり，十分な調整ができないままでは成果を生み出すことには困難がある。

これによって，地域を経営されるものとして理解する場合にも，一定の地理的範囲における多様な協働が存在することを必要になることが理解できる。

ここまでの地域概念の定義を前提として，本章の主要な関心事項であるシティプロモーションについて検討していく。

3. シティプロモーションの目的

シティプロモーションとは，多くの場合行政が主唱者となり，地域の「魅力を訴求」することにより，地域に関わる人々の持続的な幸福を実現するための「資源を獲得」する取り組みである。

もちろん，主唱者が行政でなければならないということではない。民間組織による主唱や，市民による関心をともにする集合であるコミュニティが主唱することもあり得るだろう。

シティプロモーションが獲得可能かつ決定的な資源は，一定の地理的範囲に関わる人々の意欲である。いいかえれば，意欲にとどまる。

シティプロモーションの目的として定住人口の獲得や観光客を始めとした交流人口の獲得，さらには地域の経済的成長が語られることがある。確かに，シティプロモーションは，それらを実現しようとする地域に関わる人々を増やし，彼らの意欲を高めることは可能である。

しかし定住人口獲得には良質な宅地の分譲や高品質な賃貸住宅の供給，働く場所の提供が必須となる。また，交流人口の獲得には観光客を受け入れる施設の整備が求められる。さらに経済的成長までをも考慮するのであれば，地域内経済の循環全体を多様な連携によってマネジしなくてはならない。これらは，行政というセクターから考えれば「総合計画」あるいは，まち・ひと・しごと創生総合戦略が実現するものである。

シティプロモーションは総合計画や総合戦略実現に向けた基盤を造るしご

とである。いいかえれば，地域の人々の意欲を高めることで地域経営のソフトインフラを整備することがシティプロモーションの目的となる。

本章では，以上を踏まえて，シティプロモーションの各側面について本書のテーマである協働に片寄せながら議論を行っていく。

4. シティプロモーションの評価と協働

それでは，シティプロモーションの成否を何によって評価するのか。

筆者は既に修正地域参画総量（mGAP）という概念を提起している。

mGAPは，シティプロモーションの成果としての，①市民及びターゲットとする域外住民の地域推奨意欲の向上，②市民の地域活動への参加意欲の向上，③市民による地域活動への感謝意欲の向上を，それぞれ定量化し，総合化するものである。

ここで注目を求めたい点は，市民の地域活動への参加意欲にとどまらず，地域推奨意欲，さらに地域活動への感謝意欲の拡大を，シティプロモーションの評価に含めていることである。この推奨及び感謝を評価要素とするについては，大阪府が行っている笑働OSAKAプロジェクトが参考となった。

2010年度に始められた笑働OSAKAプロジェクトのきっかけとして，先に述べたアドプト・プログラムがある。大阪府でのアドプト・プログラムは2000年に開始された。笑働OSAKAはアドプト・プログラム10周年を契機に始まった。アドプト・プログラムに認定されていなくても，企業・学校・NPO・市民・行政によるさまざまな連携は地域の多くの場所で行われている。そうした協働の旗印として掲げられたものが笑働OSAKAである。

この笑働OSAKAでは「参加することも笑働」「伝えることも笑働」「感謝を表すことも笑働」と述べられている。参加を感謝されること，参加を知ってもらえること，参加の結果として魅力ある地域になったことを知ってもらえることは，地域経営への参加意欲を高めるインセンティブになる。「伝えること」「感謝すること」のハードルは，いわゆる「まちづくり活動」

に比べれば低い。

シティプロモーションという視点からは，協働は協働そのものとして称揚されるものではない。地域の魅力の積極的な訴求により市民及び地域外ターゲットの参画意欲獲得を目的とするシティプロモーションにとって，協働のハードルを下げることによって，参画の意欲を拡大できることは重要である。

ここからは，シティプロモーションから協働を考えることで，協働の意味を読みなおす可能性を示していると考える。

5. 地域魅力創造サイクル

シティプロモーションが地域の魅力を積極的に訴求することを前提とする以上，地域の魅力は語られるものでなければならない。それも断片的ではなく，総合的に語ることで，地域の差別的優位性を明らかにすることができる。地域の差別的優位性を明らかにすることによって，訴求する対象としてのターゲット設定も容易になる。

この際に用いられるモデルが「地域魅力創造サイクル」である。この地域魅力創造サイクルには協働の考え方を多様に見ることができる。

地域魅力創造サイクルは発散→共有→編集→研磨という各ステージを共創エンジンによって回転させていくことで実現する。

協働という視点からは，この回転力の源である共創エンジンに注目できる。

既に述べたように地域は市民を主権者とし，議会・行政，地域企業・ソーシャルビジネス，NPO を代理人として経営されるものである。であれば，地域の魅力も行政だけではなく，市民，企業，NPO との連携・共創によって築くことが求められる。

共創エンジンという考えかたは，シティプロモーションが行政単独の事業として考えられ，本来の主権者である市民を顧客としてしか考えない傾向が見られることへの批判にもつながっている。

さらに，協働については共創エンジンが徐々に出力をあげていくことにも注意が必要である。共創エンジンははじめから最後まで最大の出力で動くわけではない。当初から自分ごととしてシティプロモーションを考えられる市民は少ない。地域企業・ソーシャルビジネス，NPO もそれぞれに第一義とするしごとがある。行政が，共創エンジンが求められるから，市民参加が大事だから，皆さんに参加してほしいというのは本末転倒である。

共創エンジンが徐々に大きくなっていくことは，協働の進展により，関与するメンバーが増えること，増えなければならないことを示す。

協働により共創エンジンが高出力になっていく状況に注目しながら，地域魅力創造サイクルを検討する（図表 2-4）。

図表 2-4　地域魅力創造サイクル

発散
共有
共創
エンジン
研磨
編集

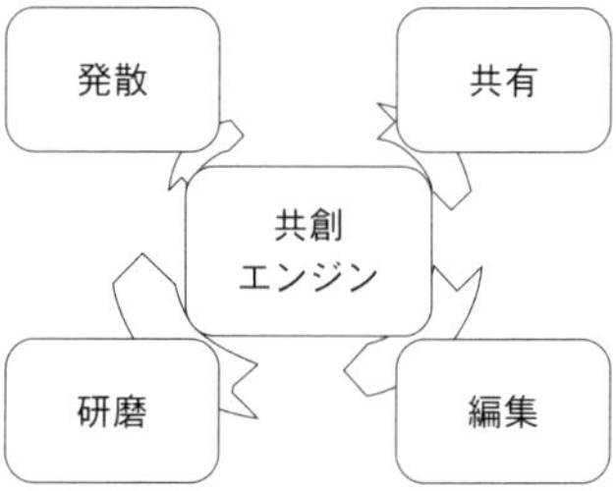

（出所）　筆者作成。

6. 発散ステージ

最初のステージは「発散」である。発散は，地域の魅力を過剰に提起することにより，地域の相貌を異化させるとりくみである。地域の魅力というと観光ポイントや，大雑把に「自然豊か」という指摘で終わることが多い。

地域魅力創造サイクルの発散ステージにおける魅力の提起はそうした自動化した，抽象化されたものではない。強制的・意識的な，より具体的な魅力提起が求められる。例えば参加者に 1 人 100 という過剰な魅力の提起を強いることが求められる。この過剰な魅力提起を強いられることにより，提起者が地域について意識的にならざるを得ない状況を作りだす。一般的に述べられている魅力では多くの場合，数的に不足する。また，自然，歴史などのように抽象化され，収束された魅力提起では，100という数を提起することはできない。

これにより，地域を腑分けし，具体的な魅力を新たに発見しなければならない。その多くは観光的な視点ではなく，生活や日常の場面から発見しなくては過剰な数を見つけ出すことは困難となる。自らの生活や日常から多くの魅力を発見したときに，自らの生活や日常が異化される。異化という言葉は文学や芸術に関わる理論であるロシア・フォルマリズムにおいて，ヴィクトル・シクロフスキーによって提起された。筆者はこの言葉を，大江健三郎の『小説の方法』から学んでいる。異化は何らかの手段により日常を脱臼させることによって生じる状況である。当たり前に見えていた日常が，過剰な魅力の発散を強制されることにより脱臼し，異なる相貌が現れてくる。この異なる相貌は自らが提起した魅力に溢れたものとして見えるはずである。

しかも，地域魅力創造サイクルの発散ステージにおける魅力の過剰な発散には，馬銜（あぶみ）がかけられている。自由に100の魅力を提起すればよいのではなく，それらの魅力には，モノ（物）・コト（出来事）・ヒト（人物）・トコロ（場所）・カコ（歴史）がそれぞれ少なくとも1つは含まれていなければならない。これによって，地域から発する光は分光器にかけられたように構造化される。

この発散ステージと協働はどのように関わるだろうか。

発散ステージはシティプロモーションにとって必要な，地域魅力を語れるものとするために行われる地域魅力創造サイクルの第1ステージである。シティプロモーションは地域に関わる人々の持続的な幸福を実現する地域経営の一環として行われる。

しかも，シティプロモーションは地域への推奨・参加・感謝という極めて基盤的な資源を獲得する，いいかえれば，ソフトなインフラストラクチャを

第2章
地域を支える協働
—シティプロモーションの視点—

[要約]
本章ではNPOと企業の協働にとどまらず，地域において行政を含めたどのような協働が実現できるかを検討する。このとき，地域というものを地理的広がりとして把握するのではなく，構造としての地域，経営されるものとしての地域という考え方を用いて分析する。さらに，地域における協働をより具体的な姿で考察するため，地域の魅力を訴求し，地域への推奨・参加・感謝を獲得する取り組みであるシティプロモーションを材料に検討していく。シティプロモーションの分析にあたっては，地域の魅力を発散し，共有し，編集し，研磨する地域魅力創造サイクルという発想を基礎に置く。この地域魅力創造サイクルは地域の多様なステークホルダーの協働が徐々に拡大していく共創エンジンという考え方によって駆動する。その検討において，協働が単一の様相ではなく，戦略的協働と目的としての協働を極とするスペクトラム（連続体）として地域に存在することが確認できる。また，協働の担い手がすべて同じポジションにあるわけではなく，協働主唱者と協働呼応者という異なった性格を持ったアクターによって成立していることを確認していく。この協働主唱者と協働呼応者という発想は，地域における当事者を増やしていくというシティプロモーションの目的にとっても大きな意義を持つことを提示する。

造るために行われる営為である。

その取り組みに，地域経営のプリンシパルである市民，行政以外のエージェントである地域企業・ソーシャルビジネス，NPO の関与を求めていくことは当為（ゾルレン）である。しかし，一方で，当為（ゾルレン）であれば実存在（ザイン）として必ず顕現するのかといえば，答えは否であろう。

ゾルレンである状態を作り出すためにはデザインが必要となる。ザインからゾルレンを呼び出す仕掛けがデザインであるということもできる。

シティプロモーションを地域の協働にもとづきあるべき姿として作り上げていくデザインが共創エンジンという発想になる。

発散ステージを実現させる共創エンジンの出力は小さいもので足りる。むしろ小さいものである方がいい。当初から高出力であればあるほどいいという考え方を共創エンジンという発想は採らない。そのステージ，そのステージに適したエンジンの出力，協働の規模があると考える。

大きすぎる協働は混乱を生み出す。想像してほしい，1 人 100 の魅力を提起するとりくみが 1,000 人もの関与に行われるならば，その状況を管理することは困難になる。

一方で，発散ステージでの共創エンジンは閉じた協働であってもならない。A という組織と B という組織が緊密に他の介入を許さない形で協働するのであれば，次のステージへの広がりは期待できない。共創エンジンが徐々に出力を高めていくデザインとして発想されていることへの齟齬が生じる。

発散ステージでの共創エンジンは，小規模かつ粗放な協働によってデザインされる。粗放な協働は，地域において組織と組織の協働ではなく，組織と市民の協働によって可能となる。

協働主唱者が行政であれ，他の民間組織であれ，発散ステージの目的を実現するための，それぞれの弱みを開示して，目的達成への思いをともにする市民の協働呼応を募らなければならない。シティプロモーションという理解しにくい全体像では，市民には十分な理解が得られず，協働呼応はあまり望めないとも考えられるが，ステージを切り分け，発散ステージにおいて地域の魅力を過剰に提起し，地域を異化するというアウトカムを実現するという目的であれば，少数でも参加してくれる市民はいるだろう。

比較的小規模であることが求められることから，公募などの形式を採る必要もない。発散ステージでの，地域の魅力を十分に理解するという目的共有を考慮すれば，近年に地域に関与するようになった，転居してきた市民に協働呼応を募ることが適切だろう。近年に関与・転居してきた市民は，必ずしも強い意志を持ってではなくても，この地域を選択した市民である。協働を主唱する行政や民間組織が考えていなかった，地域の魅力を提起できる可能性がある。また，多様であることそのものも，協働主唱者の弱みである地域魅力の大量発散能力を補完することに有効となる。

一方で，協働主唱者が補完できる協働呼応者の弱みとは何か。協働呼応者である，近年転入してきた市民の地域選択は，必ずしも積極的なものではなく，転職や異動による消極的な選択であった可能性もある。しかし，選択は正当性を求める。こういう理由があったから，この地域に住むことにしたという自分への納得がないまま，地域に暮らすことはストレスともなる。そこに協働呼応者の弱みがある。そこに弱みを意識する市民が協働呼応者となる。協働主唱者は，自らの選択に理由を求める市民を呼応者として，地域魅力創造サイクルの発散のステージの目的を実現していく。

7. 共有ステージ

地域魅力創造サイクルにおいて戦略的協働を的確に実現するために切り分けられた次のステージは共有ステージである。

共有ステージでは，発散された過剰な魅力のうち，従来魅力としては提起されていなかったような魅力を実際に経験することで，地域を幅広く，今までとは異なった視点で語る力を育てることが目的となる。

発散された魅力のうち，例えば1人だけからしか魅力として提起されなかったモノ（物）・コト（出来事）・ヒト（人物）・トコロ（場所）・カコ（歴史）のうち，幾つかを選択して経験する。このような魅力がこの地域に存在したのかという改めての発見が行われ，その1つだけの魅力を提起したものは，自らの有用感を獲得できる。

この共有ステージも共創エンジンというデザインによって駆動される。しかも，発散ステージよりも高出力となることが期待される。そのため，協働主唱者である行政や民間組織，発散ステージでの協働呼応者である応募市民に加え，新たな協働呼応者が求められる。

共有ステージの目的である地域を幅広く，今までとは異なった視点で語る力を育てるために，協働主唱者である行政や民間組織，発散ステージでの協働呼応者である応募市民にとっての弱みは何だろうか。挙げられた魅力，経験を期待する魅力の詳細や現場を保有していないことである。

それでは，そうした弱みを補完できるのは誰か。魅力とされるものの保有者・管理者や魅力を持つ個人，魅力を語れる個人・組織である。

魅力とされるものの保有者・管理者や魅力を持つ個人，魅力を語れる個人・組織にとって，彼らが魅力としてあげられたモノ（物）・コト（出来事）・ヒト（人物）・トコロ（場所）・カコ（歴史）を語る力を育てたいという共有ステージの目的を共有できた時の弱みは何か。

明らかに，語るものの数であり，ポリフォニック（多声的）な発信者である。

なぜ，共有ステージとして経験が求められるか，それは，そのモノ（物）・コト（出来事）・ヒト（人物）・トコロ（場所）・カコ（歴史）が1人だけからしか魅力として提起されなかったからである。つまり，語るものの数であり，ポリフォニックな発信者にかけているからこそ，それは選ばれている。

もともと，魅力とされるものの保有者・管理者や魅力を持つ個人，魅力を語れる個人・組織が，その魅力を発信する意欲がなければ，協働呼応者にはならない。お願いされて不承不承に見学を許すというような者であれば，協働にはならない。積極的に提示したい，語りたいというものが協働呼応者となる。それで構わない。

共有ステージを動かすのも共創エンジンである。戦略的協働によって成立すべき共創エンジンは徐々に高出力化されていけばいい。

発散ステージでの戦略的協働を行ったものに加え，共有ステージでは魅力とされるものの保有者・管理者や魅力を持つ個人，魅力を語れる個人・組織の一部が新たに加わり，弱みを相互補完しつつ，共創エンジンを強化することで，魅力を語る力を育てるという目的を実現していく。

8. 編集ステージ

戦略的協働によって構築される共創エンジンが駆動する地域魅力創造サイクルの次のステージは編集ステージである。

編集ステージの目的は，地域の魅力を差別的優位性をもって語れる力の拡大である。

編集ステージはさらに細かい6つのステップによりできている。① 多様に発散し，共有した魅力を用いて幸せになる人物雛形（ペルソナ）を用いた複数の物語づくり，② 複数の物語を構成する魅力の数々を1つの群として位置づけたうえでの名付け，③ それらの魅力群を組みあわせ，他地域との差別的優位性を持つ場所（ブルーオーシャン）の発見，④ 差別的優位性の表現としてのブランドメッセージ案の提起，⑤ 地域の多様な組織で行われる開放的議論（ワイガヤ）によるブランドメッセージ案の豊富化，当事者化，⑥ 地域経営への責任を背景にしたブランドメッセージ決定，の6ステップである。

このうち，① から ③ のステップは，共有ステージで形成した戦略的協働によって実現可能である。協働主唱者である行政や民間組織と，発散ステージから協働呼応者となっている賛同する市民，共有ステージで新たに協働呼応者として現れた魅力とされるものの保有者・管理者や魅力を持つ個人，魅力を語れる個人・組織の一部（魅力保持者）。

この3者が，魅力を用いて幸せになるペルソナを動かし，そのペルソナが旅した魅力群に名前を付け，そのペルソナが他の地域ではできない旅をどのように行ったかに注目しつつ魅力群を組みあわせる。

④ のステップで新たな協働呼応者が求められる。地域に根づいたプロフェッショルな言葉の専門家，コピーライターである。実は，この地域コピーライターは，発散ステージから黒子のように舞台（ステージ）に立っていた。

発散ステージ，共有ステージ，さらに編集ステージの ①～③ のステップでの地域コピーライターの役割は「聞くこと」である。地域コピーライターはこの間，ひたすら聞き続ける。聞き続けることによって，地域の魅力を構造的に把握し，自らの専門性によって位置づけていく。そのうえで，それまで黒子であった地域コピーライターは，編集ステージの第4のステップである差別的優位性の表現としてのブランドメッセージ案の提起において，その黒い衣装を脱ぎ，重要な協働呼応者として現れる。

地域コピーライターが協働呼応者である以上，各ステージでの目的を共有している必要がある。協働主唱者である行政や民間組織は目的を明示し，さらに自らの弱みとして，言葉への専門性を明らかにした上で，目的を共有でき，言葉への専門性を持ったものに協働を呼びかける。

自らが関与する地域を語れる場所とし，地域を担うソフトなインフラストラクチャ造りという目的を共有できた地域コピーライターが，目的を実現するための弱みは何か。素材と共感である。地域コピーライターが個人であれ，組織であれ，素材を次々に生成する協働呼応者としての市民の存在は重要である。また，ステージにともに立っていたものとしてのポジションによる協働の担い手たちの共感がないまま提起された言葉は厚みを持たないものになる。また，別の協働呼応者である魅力保持者たちの言葉も欠くべからざる素材である。

地域に根付かない，発散ステージから共有ステージ，編集ステージの ①～③ のステップに黒子として立ち会っていない者は，それが例え，東京や北京，ニューヨークなどの別の場所で高名なコピーライターだとしても，先に上げた弱みを補完されないままとなる。彼らは協働呼応者となることはできない。

この際，地域コピーライターがプロフェッショナルであることを十分に認識しなければならない。プロフェッショナルとは，その専門性によって金銭的対価を受ける存在である。その金銭的対価に応じた責任も持つ。

目的を共有する協働呼応者だとして，その協働呼応者がプロフェッショナルであれば，その専門性の蓄積に十分な対価を払わなくてはならない。このことは当然である。しかし，まれに，協働という言葉を無償の協力として読む誤りがある。無償でなければ協働ではないという大きな誤解を持つものもいる。さらに，金銭的ではない相互補完を示すことで協働が成立するはずだと考える向きがある。協働呼応者としてプロフェッショナルを募るのであれば，プロフェッショナルとして遇しなければならない。プロフェッショナルとは，その専門性によって金銭的対価を受ける存在である。このことは地域コピーライターにとどまらない。既に述べた地域魅力保持者もプロフェッショナルであれば，その協働呼応に際し，金銭的対価が発生するのは当然である。

編集ステージでの第5のステップであるワイガヤでは，多彩な協働呼応者が現れ，共創エンジンは出力を高め，地域に協働の輪が広がる。

第4ステップで明確な姿を現した協働呼応者である地域コピーライターが提起した複数のブランドメッセージ案について開放的議論（ワイガヤ）を行うことで，ブランドメッセージを豊富化，当事者化を図ることが第5ステップの目的である。

このときに開放的議論を行うものが，第5ステップで登場する協働呼応者となる。具体的には，JA（農業協同組合），商工会，商工会議所，商工会議所青年部，青年会議所，労働組合，生活協同組合，信用金庫などの金融機関，地域紙などの言論機関，さまざまな地域業界団体，地域企業・ソーシャルビジネス，地域に関与するNPOなどがある。本章では，これらの協働呼応者をフィールド提供者と呼ぶ。

協働主唱者である行政や民間組織，さらにここまでのステージ，ステップで協働呼応者となった市民，魅力保持者，地域コピーライターが，フィールド提供者に出向くなどして，ブランドメッセージ案について開放的議論（ワイガヤ）を行う。

このとき，フィールド提供者は受け身でこの議論の場を提供し，構成員の参加を認めるわけではない。フィールド提供者も協働呼応者である以上，第5ステップの目的であるブランドメッセージの豊富化，当事者化を共有する。

なぜ，共有するのか。これらの目的が，地域に関わる人々の持続的な幸せを支えるための地域経営にとってのソフトなインフラストラクチャをつくるシティプロモーションに必要なアウトカムであると理解することがその理由となる。

上記したフィールド提供者はいずれも地域経営のエージェント（代理人）である。彼ら自身が地域に関わる存在であるとともに，彼らが代理すべきプリンシパル（主権者）が積極的に地域に参加しようとしなければ，代理人として十全な役割をはたすことができない。このことに気づけば，フィールド提供者も目的を共有することになる。

目的を共有したとして，フィールド提供者が協働主唱者やその他の協働呼応者を補完できる力は何か。それこそ，フィールドであり，代理人としてのポジションである。ここまでの協働呼応者は市民個人や，緩やかな集合としてのコミュニティ，個々の魅力提供者，個人または小規模な地域コピーライターである。これに対し，フィールド提供者は地域にとって大きな役割を果たしうる組織である。彼らの協働呼応が共創エンジンを強力にする。

一方，フィールド提供者の第5ステップの目的を実現するための弱みとは何か，フィールド提供者が目的を真摯に実現しようとしたとき，彼らには専門性と市民の持つ多様性，に欠けていることに気づく。それを補完するものが第4ステージまでの協働呼応者であり，さらに，多くの場合，全般的信頼性を持つ協働主唱者となる。

第5ステップでさらに共創エンジンを強化した地域魅力創造サイクルは，様々な場における開放的議論（ワイガヤ）により，ブランドメッセージ案をより納得できるものとし，ブランドメッセージを構成するメインメッセージ，サブメッセージ，ボディコピーを十分なものとする。これに加え，多くのワイガヤは，さまざまな地域のステークホルダーをブランドメッセージの当事者とすることになる。「行政などが勝手に提起したものではない，私が議論した言葉がブランドメッセージを構成している」という思いである。

編集ステージの第6ステップは一転して，協働の要素はなくなる。第6ステップは責任をとる主体を明確化するためのステップである。責任者を限定することと，協働により相互補完することは相容れない。ここまでのステップで構築されたブランドメッセージは，主権者の一般的な代理を行う役割である行政というエージェントに取らせることが望ましいと考える。

協働そのものがア・プリオリに正しいわけではない。戦略的協働はあくまで目的実現のためのツールである。そのツールが有効なステージ，ステップは数多いが，すべてのステージ，ステップにおいて的確に機能するわけではない。

9. 研磨ステージ

研磨のステージは，地域の個々の課題をブランドメッセージに沿って課題解決するとともに，個々の魅力や施策をブランドメッセージに関連づけ改めて磨きあげることを目的とする。

このいずれにおいても十分に共創エンジンが力を発揮しなければならない。シティプロモーションにおける協働主唱者がこれらを実現するには明らかに力不足である。

事例としては，川崎市で行われている，川崎市都市ブランド推進事業が挙げられるだろう。この事業は，川崎市の地域の魅力づくりや地域ならではの魅力の発掘につながる事業，魅力の情報発信につながる事業，イベントなど集客や情報発信，地域の活性化につながる事業，その他川崎市の都市ブランドの推進につながる事業を選定することによって，それらの事業に対し，実施経費の助成，市広報媒体での事業広報，各事業への「平成○年度川崎市都市ブランド推進事業」との表示が行われることになる。

研磨ステージでは，協働主唱者はここまでのステージと変化はないが，協働呼応者は異なっている。

発散ステージ，共有ステージ，編集ステージにおいて協働呼応者として働いた市民個人，緩やかな集まりとしてのコミュニティ，魅力保持者，地域コピーライター，フィールド提供者はいったん姿を消し，新たに地域の課題解決や魅力増進を行うとする地域活動団体などが協働呼応者として立ち現れている。戦略的協働がステージ，ステップごとに協働呼応者を変化させることの明らかな例となっている。

10. スペクトラムとしての協働

シティプロモーションにおいては，地域の魅力を総合的に語れるものとし，地域の差別的優位性を明らかにすることは必須な要素である。これを実現する手法としての，地域魅力創造サイクルを紹介してきた。

その地域魅力創造サイクルがステージごとの戦略的協働を量的に拡大していく共創エンジンによって駆動していることも確認してきた。

シティプロモーションは，多くの場合行政が主唱者となり，地域の「魅力を訴求」することにより，地域に関わる人々の持続的な幸福を実現するための「資源を獲得」する取り組みであると述べた。

であれば，地域魅力創造サイクルは，訴求する魅力を形成したにとどまる。これ以降，あるいは並行して，魅力を訴求し，資源を獲得する取り組みが必要となる。

本章では，筆者の力の限界もあり，これ以降の取り組みについては議論しない。しかし，魅力を訴求し，資源を獲得するためにも戦略的協働は重要な役割を果たす。

ここで注目すべき逆転が起きる。

シティプロモーションによって獲得する資源が，地域のステークホルダーの地域への推奨・参加・感謝であり，シティプロモーションの成否を測るには，それらを定量化したmGAPが用いられるとすれば，実は地域内における協働の気運醸成こそが目的となる。

本章では繰り返し，協働は目的ではないと述べてきた。それが最終の段階に来て，協働が目的となる。一見，矛盾のように見える。しかし，それは射程の違いである。

シティプロモーションの目的は地域に関わる人々の幸せを持続的に支えるためのソフトなインフラストラクチャの構築である。このインフラストラクチャは，地域のステークホルダーの地域への推奨・参加・感謝，つまり地域内の多様な協働により形成される。

大事なことは，こうしたインフラストラクチャは段階的にしか構築され得ないということである。1つ1つのステージやフェイズを実現し，的確にアウトカムを作り出し，それらのアウトカムを組みあわせることで，目的を実現する。これが戦略的思考，ロジックモデルである。

この1つ1つのアウトカムを実現する時に必要なものが戦略的協働である。戦略的協働は目的ではなく手段である。協働するために働くのではなく，アウトカムを実現するために働く，その際に最も合理的な手段として戦略的協働を選択する。

そのうえで，各アウトカムを実現してくことによって，ソフトなインフラストラクチャを構成する地域内における協働の気運醸成を獲得する。

端的に言えば，シティプロモーションとは，目的としての地域内における協働の気運醸成を達成するために，戦術的協働を活用するデザインであると言うことができる。

協働のもつ多様なスペクトラム（連続体）を考える時に，シティプロモーションというデザインはとても興味深いポジションを持っている。そう，協働は小さくまとまった言葉ではない，協働をスペクトラムとして捉えることの重要性がここにある。

11. パートナーシップ大賞優秀事例を参照事例として

ここからは，シティプロモーションにおける協働の参考事例として，特定非営利活動法人パートナーシップ・サポートセンターが長く主催してきた，NPO と企業の協働を顕彰するパートナーシップ大賞事業の優秀事例を参照して議論を行う。

2012 年に調査した，第 9 回パートナーシップ大賞優秀賞となった「ご当地グルメ東北 6 県 ROLL 復興支援事業」を参照する。

ご当地グルメ東北 6 県 ROLL 復興支援事業は，一般社団法人「東の食の会」が企画し，「食」という視点から，震災を受けた東北の復興を目指し，東北 6 県それぞれの新たなご当地グルメを「ROLL ＝巻き物」という形で作り上げる試みだった。

東の食の会は，起業家や若手政治家が発起人となり，東日本大震災を契機に立ち上がった組織である。具体的な発起人としては，カフェ・カンパニーの楠本修二郎，TABLE FOR TWO International の小暮真久，オイシックスの高島宏平，四縁の立花貴，ETIC. の宮城治男がいた（所属はいずれも当時）。

東の食の会の具体的な活動は，① 生産者の背景や商品情報を提供し，販売者である会員企業とのマッチングを行う事業。② 東北の地方銀行 6 行との包括提携。③ 消費者の理解を高めて販売促進を行うイベントの開催。④ 専門家の知見を得ながらの自主的放射能検査の拡大支援だった。

そうしたなかで，ご当地グルメ東北 6 県 ROLL 復興支援事業は，各県の特徴ある ROLL の企画・製造によって東北の生産者を元気づけようとする事業として行われた。

パートナーシップ大賞については，そのなかで立ち上がりが早かった山形県での事業を中心に応募があった。山形県 ROLL は「だだちゃ豆と紅花のロールケーキ」。ブランド米の「つやひめ」も含め，県の名産品を活用したスイーツである。

この事業を協働の視点から見れば，株式会社イヌイと東の食の会の協働として捉えられる。イヌイは東京・中目黒にあるスイーツ小売店「パティスリーポタジエ」の運営会社である。パティスリーポタジエは野菜スイーツ専門店としてのオリジナリティを持つ。オーナーシェフの柿沢安耶氏は雑誌などへの掲載も多い著名人だが，東の食の会が行おうとする東北復興の目的に賛同し，だだちゃ豆と紅花のロールケーキのレシピを考案，作成した。

重要な役割を果たすもうひとつの存在が長榮堂である。長榮堂は，山形の地元で地域の食材を利用して和菓子，洋菓子をつくっている。今回の事業では，レシピをもとにロールケーキを作った。さらに隠れた協働の担い手がいる。山形県内の農業者である。

だだちゃ豆と紅花のロールケーキは震災後，鎮魂と復興を願って開催されている東北六魂祭をはじめとして，三井アウトレットパーク木更津，新宿京王百貨店などで販売された。

だだちゃ豆と紅花のロールケーキをはじめとした各県 ROLL のレシピはインターネットで公開された。有名シェフやパティシエのレシピが公開されことは少ない。情報をオープンにすることで誰でもがだだちゃ豆と紅花のロールケーキをつくることができる。だだちゃ豆も紅花も山形の特産であることを考えれば，このロールケーキを多くの人たちが作ることは，山形の魅力をさまざまな場所で再確認することにつながる。

12. シティプロモーションの視点から

この事業をシティプロモーションの視点から評価する。

シティプロモーションは地域魅力の訴求により，地域に関わる人々の地域への推奨・参加・感謝という資源を獲得するとりくみである。これによって，地域にソフトなインフラストラクチャを造成し，地域に関わる人々の持続的な幸せを支えるためのさまざまな事業を行う基盤を作ることがシティプロモーションである。

東北6県ROLL復興支援事業は，明示的にシティプロモーション事業として行われたわけではない。地域への参画意欲の拡大が目的，成功指標とはされていないためにシティプロモーションとしての一貫性を持っているわけではない。

しかし，地域の魅力を「語れるもの」にしたうえで，地域内外に訴求したことは確かである。地域魅力創造サイクルから見るならば，地域の魅力を素材としてプロフェッショナルの力も活用した編集結果としてだだちゃ豆と紅花のロールケーキを見ることができる，一方で，だだちゃ豆と紅花のロールケーキを今後のブランドメッセージ構築に向けた魅力要素の創造として捉えることもできる。魅力要素として捉えるなら，そのレシピが公開されていることは魅力の共有，さらに当事者化として評価することもできるだろう。

13. 協働から事例を見る

このように東北6県ROLL復興支援事業をシティプロモーションの射程に置いたうえで，その協働のありようについて検討する。

協働は戦略的協働と目的としての協働をそれぞれの極として存在する。東北6県ROLL復興支援事業においては，協働のそのものが目的とされているわけではない。各フェイズにおいて戦略的協働が行われている。

その際の協働主唱者は東の食の会であり，協働呼応者はイヌイ，長榮堂である。

協働主唱者である東の食の会は，地域食材の活用による需要の喚起や地域イメージを高めることにより震災を受けた東北の復興という目的を提起した。

そのうえで，それを実現するステージの1つとして東北6県ROLLという具体的な取り組みを考案した。ここで，東の食の会の弱みが明らかになる。東の食の会には多くの起業家が集まり，食に関わる専門性を持ったものがいたが，魅力あるレシピを創造する能力には欠ける。

ここでも確認できるように，協働を模索する要因としての自らの弱みとは，ステージごとに立ち現れるものである。地域食材の活用による需要の喚起や地域イメージを高めることにより震災を受けた東北の復興というような大文字での発想では，自らの弱みは発見しにくい。ステージを切り分けていくことで初めて補完すべき弱みが明らかになることに意識的でなければならない。

また，このレシピづくりを「私たちも学べばできる」と自己完結させるのではなく，より高い補完能力を持つものを協働呼応者として誘い込むことが，シティプロモーションの射程からは重要な意味を持つ。

シティプロモーションは地域に関わる当事者を増やすことが意義を持つ，そして，その当事者となった協働呼応者の周囲や背後には，さらなる当事者化を図ることのできる者たちが存在する。この事例でも，イヌイを協働呼応者として誘い込むことによって，イヌイが運営するパティスリーポタジエの熱心な顧客もまた山形県という地域の当事者とする可能性をもつことになる。

また，協働主唱者である東の食の会，最初のステージでの協働呼応者であるイヌイの協働によっても保管できない部分があることが発見できる時が来る。それは，だだちゃ豆と紅花のロールケーキの実製作のステージに移ったときである。イヌイのパティシエがレシピだけでなく，実製作を担う可能性もあっただろう。しかし柿沢安耶氏やパティスリーポタジエには弱みがある。山形という土地への理解である。ここでも，柿沢安耶氏やパティスリーポタジエが山形を理解しようと努力することはできたかもしれない。実際には柿沢安耶氏やパティスリーポタジエはきわめて繁忙であり，時間が足りないという弱みも持っているわけだが。

ここで，その弱みを弱みとして提示し，その弱みを補完する新たな協働呼応者を募り，そこに長榮堂という新たな存在が現れる。これによって，新たな当事者が生まれ，長榮堂の周囲や背後にいる者たちも当事者となる可能性が拓ける。まさに東北6県ROLL復興支援事業をシティプロモーションとして考えられる部分である。

こうして，ステージを踏んでいくなかで，協働呼応者が増えていく。各ステージの目的を実現するためにある協働呼応者の弱みを，協働主唱者や他の協働呼応者が補完することで目的が実現されていく。

長榮堂の弱みも明らかである。だだちゃ豆と紅花のロールケーキのレシピを持っていないこと，地域を超えた知名度に欠けるため，東北の魅力を広く伝える力には弱みがある。

しかし，改めて考えれば，協働呼応者になぜ「弱み」が生まれるのか。本来，協働呼応者は協働主唱者が提起する目的に関わらなければ，自らの弱みは潜在的なものにとどまり，見えないはずだ。柿沢安耶氏やパティスリーポタジエは山形に関わらなければ，山形への理解が充分でないことに気づく機会はない。長榮堂についても同様である。山形県内で老舗として菓子店を商っているのであれば，全国的な知名度は不要だ。ところが，東北6県ROLLの一環としてのだだちゃ豆と紅花のロールケーキに関わったからこそ，全国的な知名度の不足が弱みになる。

ここに興味深い逆転がある。協働主唱者からの，それぞれの強みを期待しての協働の呼びかけが，結果として協働呼応者の弱みを明らかにしてしまう。

それは不幸だろうか。否であろう。この弱みの発見は新たなネットワーク形成につながる，新たなネットワークは外部の力を使って，自らの問題解決力を高めることになる。

シティプロモーションという射程で協働を考え，シティプロモーションの進展をステージ，フェイズとして切り分けながら考える。そのことが協働を必須のものとする。

必須となった協働は，協働呼応者の弱みを発見させ，さらに成長の契機となる。協働が孕む，多様な逆転に注目できる。

ここまで，東北6県ROLL復興支援事業を確認してきた。その取り組みは多様であり，協働について，さらに多くの視点からの分析が可能であろう。しかし，残念ながら筆者の分析力はここにとどまる。読者諸氏が，シティプロモーションを協働という視野で眺め，それを具体的な事例として把握し，ここでは描けなかった新たな発想を獲得することを期待して本章を閉じる。

参考文献

本田弘（1995）『行政広報－その確立と展開』サンワコーポレーション。
井出嘉憲（1967）『行政広報論』勁草書房。
河井孝仁（2016）『シティプロモーションでまちを変える』彩流社。
上野征洋（1997）「自治体の政策形成とコミュニケーション機能—対話型政策過程の可能性」『広報研究』第1号。
岸田眞代（2013）『企業が伸びる地域が活きる：協働推進の15年』パートナーシップサポートセンター。

コラム ❷

なまら便利なバスマップ作成事業

NPO 交通倶楽部ゆうらん
&
ジェイ・アール北海道バス（株），（株）じょうてつ，
ばんけい観光バス（株），北海道中央バス（株），夕張鉄道（株）

本事業はNPO「交通倶楽部ゆうらん」と企業であるジェイ・アール北海道バス（株），北海道中央バス（株），（株）じょうてつ，ばんけい観光バス（株），夕張鉄道（株）による協働である。

なまら便利なバスマップ作成事業の目的には短期のものと長期のもの，さらに超長期のものがあった。短期の目的は「便利なバス路線図」を作ること。長期的な目標は地域の公共交通機関の利用が進むこと。そして超長期には自家用車利用から公共交通機関へのシフトが進むことによる二酸化炭素の発生削減があった。

なまら便利なバスマップ作成事業の最初のきっかけは札幌市総合交通対策調査審議会だった。審議会には5人の公募市民委員のうち2人がNPO側の担い手となった。

札幌市から移管されたバス路線をはじめとして市内のすべての路線を担う民営事業者にとって経営的な問題は大きく，乗客増が求められた。一方で，すべての市民が自家用車による移動が可能なわけではない。未成年者や高齢者などは公共交通機関が重要な移動手段である。

バスの利用増を図りたい事業者とバスの利用希望がある乗客。しかし，そこにミスマッチがあった。どのバスをどこから乗り，どこで乗り継ぎ，どこで降りれば行きたい場所に行けるのか。市民には，それがわかりにくかった。「利用者がいないから路線を廃止しなくてはならない。その基準をどのように作るのが望ましいか。」そうした審議会での議論も行われるなか，そもそも利用したい人が利用できるようになっているのだろうかという問題が

「なまら便利なバスマップ」ポスター

（出所）　NPO 法人ゆうらんホームページ。

そこにあった。

なまら便利なバスマップ作成事業では，交通倶楽部ゆうらんがアイデアの創出とコーディネートの力，さらに現場を踏査するという調査力を発揮し，企業は情報と実務的な力で協働した。ここでの特徴は NPO のハブ機能にある。今回のなまら便利なバスマップ作成事業は，それぞれには必ずしも連携のない5つのバス事業者を，交通倶楽部ゆうらんという NPO がハブとして結ぶ形で行われた。

2006 年 3 月。なまら便利なバスマップは，交通倶楽部ゆうらんとバス事業者の協働，行政の協力によって完成した。乗客にとっては利便性を高いものとなった。なまら便利なバスマップ作成事業の成果は，市民や乗客に便利なバス路線図を提供したということにとどまるものではない。交通倶楽部ゆうらん，バス事業者，それぞれの成長のきっかけになったと評価できるものにもなっていた。

［第 4 回パートナーシップ賞受賞］

（河井孝仁）

第3章
災害に対するレジリエンスと協働

［要約］

東日本大震災以降，災害に強い社会をどのように作っていけば良いのか，数多くの議論がなされてきた。災害に対するレジリエンス（リスクに対する強靱さ）を高める，という考え方もその1つである。レジリエンスは，一般に，復元力や弾力性などと訳されるが，言葉の持つイメージとしては，「折れないしなやかな強さ」であり，災害からもたらされる想定外の被害から，しなやかに立ち直るために必要な力として注目されている概念である。

本章では，災害に対するレジリエンスを向上させるための取り組みを提言した，日本学術会議の東日本大震災復興支援委員会・災害に対するレジリエンスの構築分科会（2014）の報告書「災害に対するレジリエンスの向上に向けて」を参考にし，災害に対するレジリエンスを向上させるための要因を確認する。具体的には，1）継続的なリスク監視と日常的なリスクに対する備え，2）レジリエンス向上のための防災・減災の推進，3）災害からのこころの回復を支える体制の整備，4）公衆衛生システムの改善，5）情報通信技術の一層の活用，6）開発援助プログラムへのレジリエンス能力の統合と活用，といった6つの提言内容である。レジリエンスを向上させる6つの取り組みについてそれぞれ解説する。小括として，この提言内容をふまえて，協働事業が災害レジリエンスを高めるという観点から，NPO，NGO，企業，行政，大学の協働を分析する枠組みを導出する。

一方，これまで日本パートナーシップ大賞においても，災害に対するレジリエンスの現れとして捉えることのできる協働事業が数多く応募してきている。NPO，NGO，企業，行政，大学などが協力・連携して，東日本大震災の被災地などで行なわれている復旧・復興を支援する取り組みである。このような協働事業は，災害に対するレジリエンスの現れであると同時に，災害に対するレジリエンスを向上させる取り組みとしても捉えることができる。そのため，本章では，これまでの日本パートナーシップ大賞の応募事例の中から，災害からの復旧・復興に関わる協働事業を取り上げて，災害へのレジリエンスという観点から，それらの協働事業を分析する。その結果，被災地の復旧・復興を支援する協働事業は，災害に対するレジリエンスを向上させる取り組みとして位置付けることが可能であるという結論を導く。

1. はじめに

東日本大震災以降，災害に強い社会をどのように作っていけば良いのか，数多くの議論がなされてきた。大災害の発生に備えてどのような対策をとっておけば良いのか，大災害が発生した場合にどのように復旧や支援を行えば良いのか，また，大災害の発生から復興するためにはどのような取り組みが必要なのか，数々の提言がなされてきた。もちろん東日本大震災以前でも，このような議論がなかったわけではない。実際に，多くの組織や地域社会において，耐震工事，避難訓練，防災教育，緊急対処計画の策定，ハザードマップの作成など，数多くの災害対策はとられていた。しかしながら，東日本大震災によって，どれだけ入念に対策を講じていたとしても，大きな災害や事故に見舞われた際には，程度の差こそあれ，その影響や被害を受けることは避けられないと，多くの人が痛感することとなった。

特に，東日本大震災がもたらした甚大なる被害は，建物の耐震化や防波堤の増強等のハード面において対策を強化するだけでは，不十分であり，災害に対する深刻な脆弱性が存在することを認識させることとなった。いわゆる「想定外」の事態に直面した時に，それに対応できないという脆弱性である。その脆弱性を克服するためには，ハード面だけではなく，ソフト面，精神面を含む，総合的な取り組みが必要であることを意識することとなった[1]。それは，想定を超える極端現象に遭遇しても，できるだけ平常の営みを損なわない，また被害が避けられない状況に陥っても，その被害を極力抑えて，それを乗り越えて復活する力である「レジリエンス（リスクに対する強靭さ）」を向上させる取り組みである。

レジリエンス（resilience）という言葉は，「復元力」「弾力性」「再起性」などと訳される言葉であるが，「強い風にも重い雪にも，ぽきっと折れることなく，しなってまた元の姿に戻るように，何があってもしなやかに立ち直れる力（枝廣 2015, p.14）」と捉えられている。もともとは物理現象を表す言葉ではあるが，その概念は非常に幅広く捉えられており，その定義は多岐にわたっている。

例えば，Rutter（1985）は「深刻な危険性にも関わらず，適応的な機能を維持しようとする現象」とし，Masten ら（1990）は，「困難で驚異的な状況にも関わらず，うまく適応するプロセス・能力・結果」としている。また，Reason（2008）は，「不測の事態にうまく対処することが，レジリエンスの高い組織の真髄である」としているし，Aldrich（2012）は「連携した働きかけと協力し合っておこなう活動を通じて，災害などの危機を切り抜け，効果的で効率的な復興に取り組むための地域が持つ潜在能力」としている。端的にいえば，レジリエンスは，想定外の危機的状況を乗り越え，それに適応する力であるといえる。東日本大震災のような災害を「想定外の危機的状況」とするのであれば，災害から立ち直り，災害を乗り越える強靭さということになるであろう。

確かに，災害は，社会の脆弱性を浮き彫りにする。その災害によって浮き彫りにされた脆弱さに対して，それに負けない力，それを乗り切り，乗り越える力を備える力という意味での「レジリエンス」という概念が注目されるようになり，その結果，災害の被害を抑える，災害を乗り切る，災害から回復する取り組みとして，レジリエンスを高めるための方策が，真剣に議論されるようになってきたのである。

2. 災害に対するレジリエンスを高めるためには

2014年9月，日本学術会議の東日本大震災復興支援委員会・災害に対するレジリエンスの構築分科会は，「災害に対するレジリエンスの向上に向けて」という報告書の中で，地域社会や組織のレジリエンスを高めるためにいくつかの提言をしている。その内容は，1）継続的なリスク監視と日常的なリスクに対する備えの充実，2）レジリエンス向上のための防災・減災の推進，3）災害からのこころの回復を支える体制の整備，4）公衆衛生システムの改善，5）情報通信技術の一層の活用，6）開発援助プログラムへのレジリエンス能力の統合と活用，である（図表3-1参照）。以下，東日本大震災復興支援委員会・災害に対するレジリエンスの構築分科会の提示したレジリエンスを高めるための提言内容を概観する。

本章では，被災地において展開されていたNPO，NGO，企業，行政，大学などの協働による復旧・復興を支援する活動は，災害に対するレジリエンスの現れであり，また，これらの活動を通じて，災害に対するレジリエンスがさらに高まると考えている。そのため，「災害に対するレジリエンスの向上に向けて」報告書の提言内容を概観することで，災害に対するレジリエンスが高まるメカニズムや，提言内容が示唆しているレジリエンスの前提などを明らかにすることによって，これらの協働事業が災害に対するレジリエンスにどのように貢献するのかを分析する枠組みになると考えている。つまり，「災害に対するレジリエンスの向上に向けて」報告書の提言内容を整理した上で，それを，被災地の復旧・復興を支援する協働事業を分析する枠組みとして活用し，これらの協働事業が災害レジリエンスの現れであるか，また，災害レジリエンスを構築する動きであるかどうかを分析するのである。

図表 3-1　災害に対するレジリエンスの構築分科会の提言

提言内容
1) 継続的なリスク監視と日常的なリスクに対する備え
2) レジリエンス向上のための防災・減災の推進
3) 災害からのこころの回復を支える体制の整備
4) 公衆衛生システムの改善
5) 情報通信技術の一層の活用
6) 開発援助プログラムへのレジリエンス能力の統合と活用

（出所） 災害に対するレジリエンスの構築分科会（2014）より作成。

(1)　日常的なリスクに対する備え

まず，災害に対する高いレジリエンスを構築するためには，日頃から十分な備えをすることが基本となる。対策を講じていれば，問題が生じたとしても，その被害の程度は軽くてすむことが期待されるからである。被害の程度が軽微であれば，その後の復旧・復興もそれだけスムーズに展開されることになる。事前に備えるということは，被害の抑制だけでなく，復旧・復興を早めるのである。そのため，継続的なリスク監視と日常的なリスクに対する備えを充実させることは，地域社会や組織のレジリエンスを高めるために非常に重要となる。「災害に対するレジリエンスの向上に向けて」報告書では，大規模な地震や津波などの災害のリスクを継続的に監視するためには，国家レベルでの継続的な監視と各関係機関の迅速な情報共有・意思決定体制を構築すること，研究者・専門家による技術的・学術的な支援が必要となるとしている[2)]。

防災に関する各種の制度やシステムの設計には，国家，行政，専門家，研究者の力が必要となる一方で，日常的なリスクに対する備えを充実させることは，地域社会や組織の１人１人の心がけや行動によっても達成可能である。また，その１人１人の心がけや行動は，効果的な防災教育によって促進させることも可能である。防災教育の効果は，教育ツールの開発・活用，災害情報・データの公開・提供，行政や専門家との連携などによって高めることができる。このように，日頃から十分な備えをするということは，地域社会や組織の1人1人の防災リテラシーを高めることでもあり，それを達成することが，災害に対するレジリエンスの向上につながるのである。

(2)　防災・減災

次に，災害時の緊急時対応で力を発揮するのはシステムではなく，人間であるという意識に立ち，防災・減災を推進させることも忘れてはならない。上述したように，地域社会や組織の1人1人の防災リテラシーを高めて，日頃から十分な備えをすることは，災害時の緊急時対応で力を発揮するのは人間であるという意識の現れとも言える。日頃から，防災専門家を育成し，地域社会や組織構成員の災害に対する意識を恒常的に啓発するということが，防災・減災を推進させることにつながる。また，「災害に対するレジリエンスの向上に向けて」報告書が指摘するように，東日本大震災によって各種の物理的・社会的システムが崩壊し，日常生活を支える制度や仕組みに脆弱性が存在していることが明らかとなった。その脆弱性を前提として，システムに冗長性やバックアップ機能を持たせることが必要となる[3)]。

またそれと同時に，災害時においては，被災地における速やかな指揮命令系統と各種支援組織の連携が非常に重要となる。また，災害時においては，スピードある対応がきわめて重要となるだけでなく，支援を受ける現場と，支援を提供する側との距離が離れていることから，的外れな支援を行ってしまう可能性が高まる。そのため，被災地が本当に必要とする支援を実現する体制を確立しておくことが求められる。本当に必要とする支援ができれば，被害の拡大を抑えることができるからである。大災害によって，物理的・社会的システムが崩壊し，日常生活を支えるものが機能しなくなったとき，さまざまな手段によって，被災地で本当に必要とする支援ができるかどうかが，防災・減災の鍵を握っている。

(3)　心の回復

災害時においては，物質的な支援や機能回復が必要となる一方で，人間の心を回復させることも求められる。特に，東日本大震災においては，甚大なる被害によって，多くの人が精神的なダメージを被ることとなった。そのため，いわゆる「こころの回復」も，災害のレジリエンスにおいては重要な要因となる。「災害に対するレジリエンスの向上に向けて」報告書では，災害からのこころの回復を支える体制を整備するためには，災害時における地域精神保健と医療的対応を平時から備え，それを災害時においても十分に展開できる体制を構築しておくことが求められるとする[4)]。そして，このような中長期的な支援体制を整備する一方で，災害時における現場での精神保健的対応や医療的対応の的確かつ迅速な実施が求められるとする。

東日本大震災においては，災害発生時における緊急的な医療対応とともに，過酷な災害の現場に直面することから来る精神的被害・トラウマなどへの精神保健的対応をおこなう必要性も認識されることとなった。中長期的な支援体制においては，地方自治体，国，専門家などへの協力が必須となる一方で，災害発生以降の「こころの回復」を支援する取り組みは，NPOやNGOの活動を通じて展開されているものも数多く見られている。震災による個人の精神保健問題とその対策は，ネガティブな精神的ショックからの回復という観点だけでなく，それを乗り越えることで人間的成長を遂げる機会となる可能性もあるため，災害からのこころの回復は，物質的な支援や機能回復と同様に，多くの被災者にとってきわめて重要な問題であり，災害に対するレジリエンスに深く関わるものである。

(4) 公衆衛生システム

公衆衛生とは，「共同社会の組織的な努力を通じて，疾病を予防し，寿命を延長し，身体的・精神的健康と能率の増進をはかる科学・技術である」というWinslow（1920）の定義が広く知られているが，わかりやすく言えば，人々が健康であるための条件を保証するために，社会として，集団的におこなう取り組みのことである。「災害に対するレジリエンスの向上に向けて」報告書では，災害における公衆衛生システムを改善するには，第1に，保健セクター機能の強化，第2に，保健セクターと福祉セクターの連携の強化，第3に，社会関係資本（ソーシャルキャピタル）の形成蓄積とそのための研究の推進が必要となる，としている[5)]。特に，保健セクター機能の強化においては，地域社会における乳幼児，高齢者，障害者等の社会的弱者や，個々の住民の健康状況の把握を，災害対応という観点から見直す必要性を主張する。具体的には，個人ごとに防災カルテという形で健康状況の把握の具体化である。つまり，地域社会や組織の1人1人が，自らの健康状態を把握できる仕組みが求められるということである。

社会関係資本の形成蓄積の必要性は，公衆衛生だけに限定されたものではない。社会関係資本は，「ソーシャル・キャピタル」とも言われ，「人々の協調行動を活発にすることによって社会の効率性を改善できる，信頼，規範，ネットワークといった社会組織の特徴」というPutnam（1993）の定義が知られている。社会・地域における人々の「信頼関係」や「結びつき」によって，人々の協調行動が活発になることで，防災においても非常に大きな役割を果たすという考え方から，災害に対するレジリエンスの構築においても，非常に注目されている考え方である。もう少し噛み砕いて言えば，人々が他人に対して抱く「信頼」，困った時はお互いに助け合う「互酬性の規範」，人や組織の間の「ネットワーク」によって，危機的状況を乗り切るということである。

東日本大震災においては，災害ボランティア活動が被災地の復旧や復興に大きな力を発揮したことからも，このような社会関係資本の形成が，災害に対するレジリエンスを高めていることには疑いのないことである。また，被災地における支援活動や復旧活動は，危機状況時において，社会関係資本を形成している現象とも考えらえる。上述したように，この社会関係資本については，公衆衛生システムの改善だけに関わる問題ではなく，日常的なリスクに対する備え，防災・減災の推進，こころの回復など，広くそれらを支えるものとして捉えることができる。

(5) 情報通信技術の活用

防災分野において，通信技術を一層活用することの重要性は，広く認識されてきた。国土交通省の総合災害情報システム（DiMAPS: Integrated Disaster Information Mapping System）や[6]，国立研究開発法人防災科学研究所の地震ハザードステーション（J-SHIS: Japan Seismic Hazard Information System）などの災害情報システムは[7]，情報通信技術を活用することが防災に有用であるという認識から構築されたものである。「災害に対するレジリエンスの向上に向けて」報告書では，防災において情報通信技術を活用する際には，情報の発信側と受信側との情報格差を補完する対策が重要となると指摘する[8]。

情報の発信側と受信側との情報格差をなくすためには，必要な情報を，必要な時に，必要な人に対して，理解できる形で提供することが求められる。情報の利用者と提供者の双方の視点に立って，情報通信技術を活用するという課題を整理し，その課題を解決しなければならない。つまり，情報の発信側の観点から言えば，情報システムが脆弱なままであると，災害発生時において，必要な情報を発信することができなく，被災地における救助活動や復旧活動が滞る可能性が出てくる。情報の利用者の観点からいえば，被災者のデータ・情報を読み取る力，活用する力が，災害時においては非常に大きな役割を果たす。

しかしながら，これまでの提言内容から鑑みるに，災害のレジリエンスを高めるには，災害時の緊急時対応で力を発揮するのはシステムではなく，人間であるという意識が重要であると考えられる。つまり，情報の提供側においては，緊急時の情報提供サービスを強靭化するために高度な情報通信システムの設計・開発が必要となるだけでなく，情報の受け手側が読み取りやすい情報やデータを提供することが求められる。情報の受信側においては，情報通信技術を介して提供される様々なデータを読み取って，それを活用する力をつけることが求められる。特に，混乱した情報環境の下で重要な情報を抽出するために，情報通信技術がサポートし，それに応えるだけの力を地域社会や組織の1人1人が持つことが必要となる。

(6)　レジリエンス能力の統合と活用

最後に，東日本大震災の教訓，特にコミュニティの防災力強化と再生に関わる教訓を，どのように災害レジリエンスの向上につなげていくのかについて述べていきたい。東日本大震災の被災地で見られた各種の支援活動・復興活動は，それ自体が災害レジリエンスの現れであると捉えることができる。そのため，それらの活動を通じて見えてきた災害レジリエンスが効果的に発揮された要因を統合して，今後の災害レジリエンス向上にそれを活用していくことが重要となる。レジリエンス能力の統合と活用である。

「災害に対するレジリエンスの向上に向けて」報告書では，レジリエンスという視点からの防災教育と，学校の地域防災拠点としての機能に注目する[9)]。災害時においては，学校が避難場所として利用され，そこで，様々な支援活動が展開されてきた。このような支援活動の中には，被災者自身が自らの生活やコミュニティの救済や復興に積極的に携わる機会となったものも数多い。また，学校という存在は，国，地域，文化，慣習を問わず，世界中に存在している。災害に直面した場合，学校という場所が，避難所としてだけでなく，復興の場として機能することは想像に難くない。つまり，防災においては，学校がレジリエンス向上の機会を提供する場所となるというのは，東日本大震災の場合のみならず，今後，さまざまな災害において共通して行われる事象であると言える。その結果，東日本大震災から出てきた教訓を，様々な分野での支援・援助活動に活用するための方向性の1つとして，学校を，個人，地域社会，組織のレジリエンスの向上させる場所にするということが導かれるのである。

学校を活用した支援活動・復興活動が，今後の災害レジリエンスを向上させる方向性となるというのは，レジリエンス能力活用の1つの例に過ぎないが，これまで行われてきた震災時におけるさまざまな取り組みが，今後の災害レジリエンス向上に寄与する可能性は大いにある。被災地で展開されてきた支援活動や復興活動を分析することで，災害レジリエンスの向上につながる可能性を検討することも，災害レジリエンスの向上を考える際には重要なことであろう。

(7) 小括

以上，日本学術会議の東日本大震災復興支援委員会・災害に対するレジリエンスの構築分科会の「災害に対するレジリエンスの向上に向けて」報告書で提起された，災害に対するレジリエンスを高めるための提言，1）継続的なリスク監視と日常的なリスクに対する備え，2）レジリエンス向上のための防災・減災の推進，3）災害からのこころの回復を支える体制の整備，4）公衆衛生システムの改善，5）情報通信技術の一層の活用，6）開発援助プログラムへのレジリエンス能力の統合と活用，を概観した。ここでは，それぞれの提言内容を整理し，災害に対するレジリエンスが高まるメカニズムを考察する。次節において，東日本大震災など災害時において展開されていたNPO，NGO，企業，行政，大学などの協働による支援活動や復興活動を分析する際に，これらの活動が，災害レジリエンスの向上にどのように関わるかを考察する手がかりとする。

まず，これらの提言内容をふまえると，災害レジリエンスの前提として，以下のことが言える。それは，災害前の事前準備，災害時の避難・減災・復旧，災害後の支援・復興が迅速かつ的確に行われれば，災害による被害からの復興・復旧は進むということである（図表3-2参照）。そして，これらの活動を実行できる力を地域社会や組織が有していれば，災害レジリエンスの高い，もしくは災害レジリエンスのある地域社会や組織ということとなる。

「災害に対するレジリエンスの向上に向けて」報告書でいえば，1）継続的なリスク監視と日常的なリスクに対する備えは，災害前の事前準備に相当するであろう。同様に，2）レジリエンス向上のための防災・減災の推進は，災害前の事前準備と災害時の避難・減災・復旧に関わることでもあり，3）災害からのこころの回復を支える体制の整備は，災害後の支援・復興に大き

図表 3-2　災害レジリエンスの前提

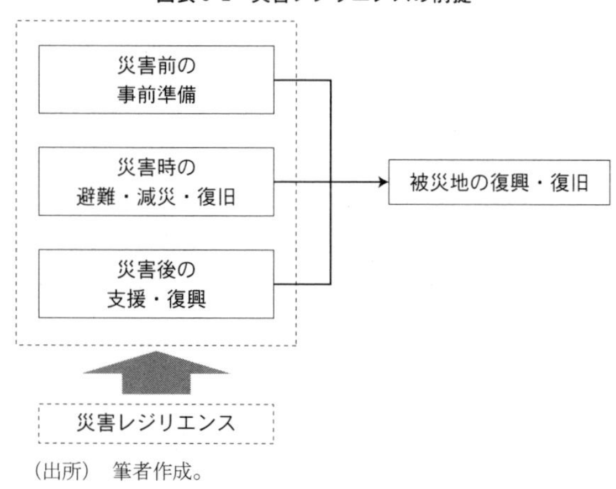

（出所）　筆者作成。

く影響する事象である。4）公衆衛生システムの改善は，災害前，災害時，災害後すべてに関わるものとして捉えることもでき，5）情報通信技術の一層の活用は，災害前，災害時，災害後の活動を全体的に支援するものとして考えることができよう。6）開発援助プログラムへのレジリエンス能力の統合と活用は，災害前，災害時，災害後の活動を整理して応用するためのものである。

このように，災害レジリエンスが機能する段階として，災害前の事前準備，災害時の避難・減災・復旧，災害後の支援・復興という区分を，暫定的にではあるが，次節における事例分析にも適用することは可能であると考えられる。

次に，「災害に対するレジリエンスの向上に向けて」報告書の提言が，ハード面というよりは，ソフト面，精神面を含む，総合的な取り組みに焦点を当てているということである。これは，災害から復旧・復興において力を発揮するのは，システムではなく，人間であるという意識に立っているからだと考えられる。上述したように，レジリエンスという言葉には，「連携した働きかけと協力し合って行う活動を通じて，災害などの危機を切り抜け，効果的で効率的な復興に取り組むための地域が持つ潜在能力（Aldrich,

2012)」のような意味合いが込められている。確かに，危機を切り抜ける，復興に取り組むという「危機を乗り越える力」と読み取れる一方で，連携した働きかけ，協力し合うなど，必ずそこには「人」や「組織」のつながりが媒介しているとも読み取れる。

図表 3-3　連携・協力・協働により高まる災害レジリエンス

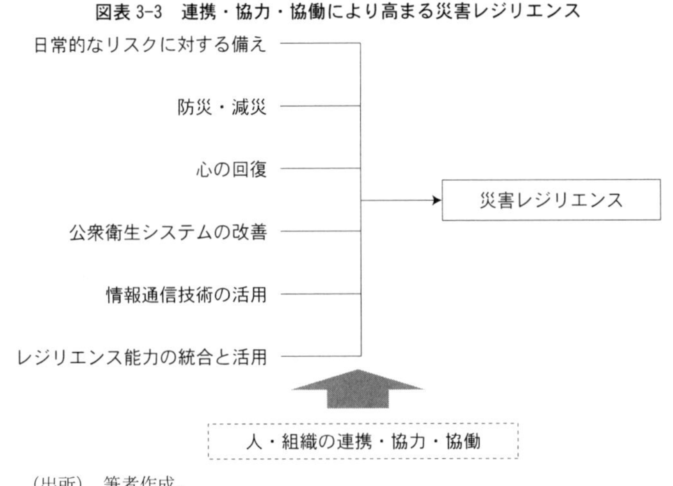

（出所）筆者作成。

実際に，「災害に対するレジリエンスの向上に向けて」報告書の提言では，以下のように，人と人との協力や，組織と組織の連携・協働を通じて災害レジリエンスを高めるという前提を読み取ることができる（図表 3-3 参照)。1）継続的なリスク監視と日常的なリスクに対する備えでは，防災リテラシーを高めて，災害前の事前準備をおこなう主体は人であり，その教育の過程には人と人との協力がある。2）レジリエンス向上のための防災・減災の推進は，物理的・社会的システムが崩壊したことを前提として，それをバックアップして災害時の避難・減災・復旧を行うのは，人と人との協力，組織と組織の連携・協働であるという考えである。また，3）災害からのこころの回復を支える体制の整備は，まさに人の心に焦点を当てて，人と人とが助け合うことを想定している。4）公衆衛生システムの改善と，5）情報通信技術の一層の活用は，確かに，仕組みやシステムを通じてレジリエンスを高めることを前提としているように見えるが，その内容を吟味すると，社会関係資本や情報の送り手・受け手の連携など，これらのシステムを活用することによってサポートするものは，人と人との協力である。6）開発援助プログラムへのレジリエンス能力の統合と活用も，災害前，災害時，災害後の活動を整理して応用する主体として，あくまで，人と人が介在して協力し合うという前提がある。

このように，「災害に対するレジリエンスの向上に向けて」報告書の6つの提言は，災害レジリエンスの向上において，社会関係資本に代表されるような，人と人との協力，もしくは，組織と組織の連携・協働を想定したレジリエンスの向上のあり方を模索している。人と人との協力，また，組織と組織との連携・協働によって，日常的なリスクに対する備え，防災・減災の推進，心の回復，公衆衛生システムの改善，情報通信技術の活用，レジリエンス能力の統合と活用が，促されることで，災害レジリエンスが向上するのである。これが，災害レジリエンスを向上させるメカニズムである。

この災害レジリエンスを向上させるメカニズムをふまえて，東日本大震災の被災地で展開されてきた支援活動や復興活動を分析する。特に，日本パートナーシップ大賞に応募してきた活動は，すべて協働事業である。これらの協働事業における被災地での支援活動や復興活動は，人と人との協力や，組織と組織の連携・協働によって成立しているものばかりである。実際に，被災地の復旧や復興に大きな役割を果たしてきたこれらの協働を分析することで，人と人との協力や，組織と組織の連携・協働を前提とした災害レジリエンスのあり方が見えてくると考えられる。

次節においては，これまで日本パートナーシップ大賞に応募してきた事業の中から，災害や震災に関連する協働を取り上げて，上記のような「災害前の事前準備，災害時の避難・減災・復旧，災害後の支援・復興という区分」と「協力・連携・協働」という観点から分析していきたい。

3. 事例分析

日本パートナーシップ大賞では，これまで，数々のNPOと企業の協働事業が応募をし，先進的な協働事業は表彰され，多くのメディア・出版物を通じて協働事業の内容が紹介されてきた。ここでは，日本パートナーシップ大賞の応募事業で，第一次選考を通過し，事例調査の対象となった事業を紹介する出版物である「日本パートナーシップ大賞事例集」に掲載されているものの中から，災害に対するレジリエンスに関する事業を取り上げて，「災害に対するレジリエンスの向上に向けて」報告書の提言内容をふまえつつ，「災害前の事前準備，災害時の避難・減災・復旧，災害後の支援・復興による災害レジリエンス」と「協力・連携・協働による災害レジリエンス」という観点から分析していきたい。

ここで取り上げる協働事業は，以下の7つである。1)「地域社会の防災力の向上に向けた協働」事業，2)「中古自転車再生を通じた被災地支援」事業，3)「キレイの力で復興支援りびラボ」事業，4)「みやぎ／ふくしまを走る移動図書館」事業，5)「キャッシュ・フォー・ワークによる被災地復興」事業，6)「健康手帳電子化システム開発」事業，7)「トヨタ・子どもとアーティストの出会い」事業，である。以下，それぞれの事業の概要と，それが，どのように災害前の事前準備，災害時の避難・減災・復旧，災害後の支援・復興に関わるのか，また，どのように協力・連携・協働が生まれて，災害レジリエンスが構築されているのかを分析していきたい。

(1) 「地域社会の防災力の向上に向けた協働」事業

「地域社会の防災力の向上に向けた協働」事業は，NPO法人プラス・アーツと東京ガス株式会社が協働して，地域の防災力を育てて高めていくために，ゲームを取り入れた防災教育や，デザインの力を活用した啓発活動を展開する事業である[10)]。この事業は，第6回パートナーシップ大賞グランプリを受賞した，非常に評価の高い協働事業である。

第6回パートナーシップ大賞は2008年に開催されているが，この事業の東日本大震災以降に広く行われてきた防災教育のあり方を先取りしているものであったといえる。つまり，「防災を特別なものとして捉えて活動するのではなく，あくまで日常の中にある普通にあるもの」と考えて，消火，救出，救護などの防災をテーマにしながらも，子供たちが楽しむことができるゲーム形式で防災訓練をおこなう「イザ！カエルキャラバン！」を展開するという取り組みである。防災訓練を特別なものとして捉えるのではなく，あくまで，子供たちが楽しめるゲームの延長という形で展開するため，子供たちは，「イザ！カエルキャラバン！」に参加することで，防災に関して，自ら何かに気づくことになる。防災について，教師や専門家に教えてもらうのではなく，ゲームの延長線上で，防災に関する何らかの気づきを得るのである。「イザ！カエルキャラバン！」は，防災訓練ではあるが，防災について何かを教えてもらうのではなく，防災に関して個人の気づきを促す活動である。 そして，まさに，この自ら防災に関して気づきを得るということが，防災リテラシーの高まりへとつながるのである。人と人とが協力し，防災に関して新たな気づきを生み出す災害前の事前準備であると言える。

確かに，このような防災に関して個人の気づきを促す活動は，NPOと企業の協働を通じなくても行うことは可能である。現に，プラス・アーツは，それ以前にも同様のイベントを行ってはいた。しかしながら，東京ガスと協働することによって，従来の100倍以上の参加者をもたらすという，圧倒的な数の増加をもたらすこととなった。防災に関して参加者1人1人が自ら気づくことが，地域社会の防災リテラシーを高めることにつながるので，参加者の「数」というのは，その気づきの多さに直結することになる。これは，事前準備としての災害に対するレジリエンスを高めることに非常に大きな意味を持つことになる。

また，プラス・アーツと東京ガスの「地域社会の防災力の向上に向けた協働」事業は，「イザ！カエルキャラバン！」によって，地域社会の参加者の気づきを促すというだけでなく，「イザ！カエルキャラバン！」に参加した東京ガスの社員達にも大きな影響を与えている。プラス・アーツの代表永田氏が述べるように「最初は遠巻きに見ていた東京ガスの社員達が，回を重ねる度に主体的に動くようになった」のである。「イザ！カエルキャラバン！」は，都市ガスという地域インフラを支える企業の社員が防災への意識を，地域社会と共有する，また，組織内でも共有するきっかけとなる活動であった。地域社会と組織の防災リテラシーを高めて，災害へのレジリエンスを向上させる取り組みとして，非常に高く評価された協働事業である。まさに，組織と組織が連携することで，地域社会と組織の災害に対するレジリエンスを高めている取り組みであるといえる。

また，「地域社会の防災力の向上に向けた協働」事業では，デザインという力を活用して，防災リテラシーを高める活動にも取り組んでいる。具体的には，震度5以上の地震が発生したときに，ガスメーターの安全装置が機能して自動的にガスの供給が停止した場合の普及方法を，わかりやすくイラストにした説明を，ドロップスの缶に描くという活動である。このイラストは，「アーツ」を生活に持ち込もうとするプラス・アーツが依頼して，気鋭のイラストレーター・グラフィックデザイナーが描いたものである。東京ガスは，ガスの復旧方法について，どのように地域社会に周知していくのかについて苦慮していたところ，このガスの復旧方法が書かれた缶入りドロップスを活用することで，それが見事に解決されることになり，地域社会の災害時の不安を確実に小さくしているのである。

つまり，防災リテラシーは，生活や身近なものからかけ離れたものとして，特別に教えたり学んだりするものではなく，自分が日頃から行っているものの中から自らが「これって防災に関係することかも」と気づくことが重要となり，日頃の生活の中で培われるものということに，「地域社会の防災力の向上に向けた協働」事業は気づかせてくれる。災害に対するレジリエンスにとって，日頃の生活の中で自らが気づくという防災リテラシーが鍵を握るのであれば，「地域社会の防災力の向上に向けた協働」事業のような協働事業は，「災害に対するレジリエンスの向上に向けて」報告書の提言内容で言う，日常的なリスクに対する備えから，災害に対するレジリエンスを高めている活動であると言えよう。

(2)「中古自転車再生を通じた被災地支援」事業

「中古自転車再生を通じた被災地支援」事業は，NPO法人アジア車いす交流センター（WAFCA: Wheelchairs and Friendship Center of Asia），NPO法人せんだい・みやぎNPOセンターと，株式会社デンソー，刈谷市市役所が協働して，東日本大震災の被災地に中古自転車を提供する事業である[11)]。この協働事業は，第8回パートナーシップ賞を受賞した事業である。

具体的には，被災地で自転車が必要であるというニーズに対して，街で放置された自転車を修理して被災者らに提供すれば，被災地の役に立つという考えの下で行われた取り組みである。まず，被災者に放置自転車を提供することは，刈谷市役所の被災地支援活動という位置付けにすることで可能となった。また，せんだい・みやぎNPOセンターが現地のニーズを把握し，情報の取りまとめを行うことで，自転車を必要としている避難所に的確に提供できるようになった。そして，車椅子の整備技術を有するWAFCAが整備指導を行い，デンソーが運営する企業内学園・デンソー工業学園の学生が実際に整備をすることで，整備された自転車が提供できる体制が整えられたのである。つまり，東日本大震災の支援では，義援金，生活支援物資などだけではなく，より現地のニーズに合った支援ができないかという発想の下で，NPO，企業，地方自治体の協働によって生まれてきた事業であるといえる。まさに，災害時の復旧や，災害後の支援に関わる取り組みであり，多くの主体が協力，連携して展開されている事業である。

この事業は，東日本大震災の支援を被災地のニーズに合う形で行うにあたり，整備不良の自転車を提供するわけにはいかないが，迅速に対応するために整備に時間をかけてもいけないという課題を有していた。この課題は，連絡手段が限定されている被災地において，それぞれの組織との間での連絡・

調整を，デンソーの社員が実際に現地に赴いて行うことでクリアすることになった。実際に現地に赴き直接話し合うことで，どこにどのような情報が集まっているのか，何が不足しているのか，どのような組織と組織とが連携すれば課題が解決されるのか，などが初めてわかることになる。企業が現地に赴いて，NPO と行政のそれらの情報を伝える役割を担ったのである。また，刈谷市役所も，全国の自治体に接続されている衛星電話によるホットラインを用いることで，NPO と市役所との連携において貢献している。このような経過によって，市役所が修理・再生される自転車の回収と現地への輸送を担い，NPO が被災地の情報収集・調整，そして，自転車の修理・整備の技術提供を行い，企業が運営する工業学園の学生が修理等の作業をし，企業がそれを事業統括するという体制ができあがったのである。

寄贈された自転車は，とてもよく整備されているという点で，被災地での評価も高く，現地のニーズに見事に合っていたといえる。他にも自転車の寄贈はあったものの未整備のものも多く，現地のニーズに応えられていなかったことも少なくなかった。「中古自転車再生を通じた被災地支援」事業は，NPO，企業，行政が見事に連携し，役割を分担し，被災地・被災者が本当に求めている支援を行うことを可能にした事業であるといえ，その意味では，「災害に対するレジリエンスの向上に向けて」報告書の提言内容で言う，防災・減災を推進させる活動であると言えよう。

(3) 「キレイの力で復興支援りびラボ」事業

「キレイの力で復興支援りびラボ」事業は，NPO 法人全国福祉理美容師養成協会（ふくりび）と東海ゴム工業株式会社，株式会社ラッシュジャパンなど多数の企業が協働して，東日本大震災の被災者に，ヘアカット，シャンプー，ハンドマッサージ，足湯，エステなどのサービスを行うという活動である[12)]。第８回パートナーシップ大賞において，ヒアリング調査を実施した事業である。

もともと，ふくりびは，訪問美容師養成事業や，高齢者の QOL（Quality

of Life：生活の質)，エンゼルメイク（死化粧)，理美容と介護などの授業や公開講座を行ってきたNPOである。特に，2009年から毎年開始しているビューティーキャラバン事業は，高齢者介護施設の利用者・入居者を対象に，高齢者1人1人に合わせてファッションコーディネートとヘアメイクをし，その華麗に変身した姿をプロのカメラマンが写真に撮影するという事業である[13)]。「キレイの力で復興支援りびラボ」事業は，このビューティーキャラバン事業のノウハウを持って，東日本大震災の被災者の方々を少しでも笑顔にすることを目指して始まった事業である。多くの人が協力し合って成立する，災害後の復興に関わる活動である。

ふくりびは，理美容師のスキルを活かして，こころの回復を支援するノウハウを有していたNPOであったと言えるが，実際に被災地でそれを実行するには，多くの組織や人々との協働を必要とした。例えば，被災地までの移動手段は，東海ゴムの協力によって社有のバスを利用することとなった。また，ラッシュジャパンからも理美容の物資提供や，ハンドマッサージにおいて協力を受けた。そして，実際に被災地でサービスに従事する理美容師は，ツイッター，ブログ，ウェブサイトを通じて募り，全国から，理美容師だけだけでなく，エステティシャン，ネイリストなど250人もの協力者が集うこととなった。「キレイの力で復興支援りびラボ」事業は，被災者・被災地に対する直接的な復興支援とは言えないかもしれないが，被災者の心を慰め励ます貴重な活動と言え，それは，NPOと企業の協働によって達成されたと言えるであろう。まさに，「災害に対するレジリエンスの向上に向けて」報告書の提言内容で言う，被災者の心の回復に寄与する活動であると言えよう。

(4)　「みやぎ／ふくしまを走る移動図書館」事業

「みやぎ／ふくしまを走る移動図書館」事業は，公益社団法人シャンティ国際ボランティア会（SVA）とブックオフコーポレーション株式会社が協働して，東日本大震災の被災地において，仮設住宅を中心に移動図書館が訪問し本を読む機会を提供するという事業である[14]。第10回日本パートナーシップ大賞において，ヒアリング調査を実施した事業である。

東日本大震災の被災地では，図書館も津波等の被害があり，被災者たちは本を読む機会を失った。そこで，被災地において，移動図書館によって本を読む機会を提供するという事業が始まった。移動図書館には，1,500 ~ 2,000冊の本が積まれて，本棚には，書店と同じようなPOP広告などによって手に取って読んでみたくなるような工夫がなされている。本を読むという行為は，生活をしていく上で必要な情報・知識を得られるだけでなく，感動，安らぎ，驚きなど，読み手の心を動かすものでもある。その意味で，本を読む機会を失った被災地において，移動図書館を通じて本を読む機会を提供するというこの事業は，心の回復を支援するものであるといって良いであろう。

この協働の役割分担は，SVAが移動図書館を立ち上げて，ブックオフが金銭的支援と社員ボランティアによる活動支援を行うというものである。SVAは，1981年，図書館活動を通じて，カンボジア，タイ，ラオス，ミャンマー，アフガニスタンの子供たちに，読書の機会を贈り届けるという国際ボランティアからスタートした，本を通じた国際社会貢献活動を30年以上継続している公益財団法人である。東日本大震災においても，被災者支援としてこの移動図書館事業を展開することとなる。ブックオフは，古書の買取金額をNPOに全額寄付するという，「ボランティア宅本便」事業を通じてSVAと知り合っており，この移動図書館事業を自社の社会貢献活動の中核に位置付け，コアメンバーチームを形成し継続的に関与し続けていく。ブックオフは，移動図書館活動の立ち上げに必要な設備や図書の提供だけではなく，従業員がボランティアとして参加することで，人材という面からも移動図書館活動の支援を行っている。「みやぎ／ふくしまを走る移動図書館」事業は，NPOと企業の協働によって達成され，多くの人が協力することによって，被災者の心の回復を支援している活動と言える。

(5)「キャッシュ・フォー・ワークによる被災地復興」事業

「キャッシュ・フォー・ワークによる被災地復興」事業は，NPO法人国際ボランティアセンター山形（International Volunteer center Yamagata：IVY）と向井建設株式会社東北支店が協働して，東日本大震災で被災した宮城県気仙沼市と石巻市で，被災者を一時的に雇用して，被災者自身が復興に携わるという事業である[15)]。第8回パートナーシップ大賞において，ヒアリング調査を実施した事業である。

「キャッシュ・フォー・ワーク（Cash For Work：CFW）」とは，直訳すれば，労働に対する現金支給ということになる。職を失った被災者が一時的に雇用され，津波によって被害を受けた被災宅で，ヘドロ除去やガレキ撤去などに従事することで，その労働の対価として賃金が支給される。自らが働いて「稼ぐ」ことを通じて，被災者自身を自立へと導くという取り組みである。それを上手に展開することは，被災者個人個人の尊厳と自立にとって有益なだけでなく，地域社会にとっても円滑な経済復興へとつながる糸口になる。IVYは，これまでカンボジアにおいて，ホームレスを雇用し，水路整備等に従事してもらい，その対価として食料を提供するというフード・フォー・ワークを経験していたため，この仕組みを今回のCFWに援用したのである。

今回のCFWにおいて，被災宅でヘドロ除去やガレキ撤去などに従事するために必要な知識や技術を，被災者に提供したのは，向井建設から派遣された大工や土工であった。向井建設は，震災以降，様々な復旧工事を請け負っている中で，そのノウハウを指導する職人の派遣をおこなう許可を出し，CFWに協力する。この協力体制によって成立した事業であると言える。多くの人が介在し，災害時の復旧と，災害後の復興に寄与する取り組みである。「災害に対するレジリエンスの向上に向けて」報告書の提言内容で言えば，防災・減災の推進と，被災者の心の回復に寄与する活動であったと言えよう。

(6) 「健康手帳電子化システム開発」事業

「健康手帳電子化システム開発」事業は，NPO 法人福島県の児童擁護施設の子どもの健康を考える会（考える会）と，福味商事株式会社，宗教法人日本ルーテル教団が協働して，児童擁護施設のための健康管理ソフトを共同開発するという事業である[16)]。第 11 回日本パートナーシップ大賞優秀賞を受賞した事業である。

東日本大震災にともなう原子力発電所事故による健康への影響が懸念されている。特に，原発周辺地域に住む子供たちに与える低線量被曝の長期的な影響は未知数とされている。被曝への懸念から自分の子供を県外に連れて避難する親がいる一方で，福島県内の 8 カ所の児童擁護施設では，多くの子供たちが共同生活を送っている。児童養護施設の子供たちの健康問題に対する公的支援はまだまだ十分なものではなく，被曝による健康被害の脅威にさらされたままという状況であった。

考える会では，子供たちの健康を守ろうと，尿中セシウム検査やカウンセリングを実施し，さらには，子供たちの健康状態と成長過程を記録する観点から「健康手帳」を作成することとなった。考える会の有する看護学の専門性を活用した健康手帳である。児童擁護施設の卒園生に対して，個人の身体発達，学校検診結果，受診・投薬・予防接種記録，甲状腺エコー・尿中セシウム等の被曝モニタリング検査の結果を伝える，紙盤の健康手帳を贈呈するという取り組みが始まった。さらに，紙盤の健康手帳では，紛失・個人情報の漏洩のリスクがあることから，電子版への移行が妥当であると考え，電子化システム事業のために，地元のソフト開発業者の選定を進めることとなる。

そのソフト開発業者として，健康管理システム，乳幼児医療費支給システムなどを開発している福味商事が選ばれ，児童擁護施設の子どもの健康のための取り組みに協力することになる。また，日本ルーテル教団が事業費を助成することになり，ここに，組織と組織との連携・協働による，児童擁護施設の子供たちのための健康手帳電子化システム開発事業が行われることになる。この事業は，「災害に対するレジリエンスの向上に向けて」報告書の提言内容で言う，公衆衛生システムの改善に当てはまる活動であると言えよう。

(7) 「トヨタ・子どもとアーティストの出会い」事業

「トヨタ・子どもとアーティストの出会い」事業は，多くのアート系・教育系 NPO とトヨタ自動車株式会社が協働して，プロのアーティストが学校に訪れて，子供たちと一緒に創作活動を行うことで，子供たちの創造的な感性を育む事業である[17]。この事業は，第6回パートナーシップ大賞でヒアリング調査を実施し，第10回パートナーシップ大賞において優秀賞を受賞した事業である。

「トヨタ・子どもとアーティストの出会い」事業は，長い時間をかけて形成されてきた社会関係資本を，被災地の復興のために効果的に活用した協働事業である。この事業は，2004年の京都から始まった。年を重ねるごとにネットワークが広がり，全国各地で実行委員会が形成されて，多くの地域で開催されるようになってきた事業である。主に小学校を舞台として，さまざまな現代アーティストが，その地域・学校が抱える課題に合わせてオーダーメイドでダンス，音楽，美術などのワークショップを実施し，子供たちと一緒にアート活動を行うという事業である。この事業で培われたネットワークと，運営のノウハウが，東日本大震災の復興支援にも活用され，多くの子供たちの応援につながったのである。

トヨタ自動車が全体責任者となり，ワークショップのアドバイスを NPO 法人芸術家と子どもたちが担い，事務局として一般社団法人がマネジメントをサポートする。ワークショップが開催される全国各地の現地主催者として，アート・教育・子ども系 NPO が現地実行員会となり，現地協力者としてトヨタ自動車販売店，教育機関，自治体などが支援するという体制である。この多くの主体が関わってワークショップを開催するという体制・つながりが，東日本大震災の復興支援にも活用された。このアートワークショップを，被災地である南三陸町の小学校でも開催するという動きである。南三陸町でのワークショップでは，「南三陸町・未来を歌に」をテーマとする曲が作成され，子供たちが未来に向けた気持ちと，震災直後は言いづらかった辛い気持ちを歌にするというものである。このような事業が被災地において展開できたのも，これまで培ってきた「トヨタ・子どもとアーティストの出会い」事業におけるノウハウと，多くのつながりがあったからであり，まさに社会関係資本が形成されていたのである。

この事業は，「災害に対するレジリエンスの向上に向けて」報告書の提言内容で言う，被災者の心の回復に相当する事業であると言えよう。しかしながら，それのみならず，同報告書で指摘されているような，レジリエンス能力の統合と活用として，学校の地域防災拠点としての機能としても，大きな意味を有している事業であるといえる。直接的な防災に関わるものでないが，学校を拠点とした活動であり，人と人との協力，組織と組織との連携によって成立している事業であり，レジリエンス能力の統合と活用に一定の示唆を与えてくれる。

4. まとめ

本章では，レジリエンス（resilience）という言葉に着目し，NPO，NGO，企業，行政，大学などが協力・連携して，東日本大震災の被災地などで行なわれている復旧，復興を支援する取り組みを分析した。このような協働事業は，災害に対するレジリエンスの現れであると同時に，災害に対するレジリエンスを向上させるための取り組みとしても捉えることができると考えているからである。

特に，災害に対するレジリエンスについては，日本学術会議・東日本大震災復興支援委員会・災害に対するレジリエンスの構築分科会（2014）の報告書「災害に対するレジリエンスの向上に向けて」を参考にして，災害に対するレジリエンスを向上させるための要因を概観した。具体的には，1）継続的なリスク監視と日常的なリスクに対する備え，2）レジリエンス向上のための防災・減災の推進，3）災害からのこころの回復を支える体制の整備，4）公衆衛生システムの改善，5）情報通信技術の一層の活用，6）開発援助プログラムへのレジリエンス能力の統合と活用，という６つの提言について取り上げた。これらの提言内容を吟味して，災害レジリエンスの前提として，災害前の事前準備，災害時の避難・減災・復旧，災害後の支援・復興が迅速かつ的確に行われれば，災害による被害からの復興・復旧は進むという前提を導出した。そして，災害前，災害時，災害後のそれぞれの活動を的確に行える力が，災害レジリエンスであることを明らかにした。また，これら６つの提言内容には，人と人との協力や，組織と組織の連携・協働を通じて災害レジリエンスを高めるという前提を読み取ることができる。このように，「災害前の事前準備，災害時の避難・減災・復旧，災害後の支援・復興という区分」と「協力・連携・協働」という観点から災害レジリエンスを捉えて，災害や震災に関連する協働事業を分析することができると考えた。

これまで日本パートナーシップ大賞においても，災害に対するレジリエンスを向上させる取り組みと思われる協働事業が数多く応募してきている。これらの協働事業は，災害に対するレジリエンスの現れであると同時に，災害に対するレジリエンスを向上させるための取り組みとしても捉えることができる。そのため，これらの協働事業を，「災害前の事前準備，災害時の避難・減災・復旧，災害後の支援・復興という区分」と「協力・連携・協働」という災害へのレジリエンスの観点から分析した。本章で取り上げた協働事業は，1）「地域社会の防災力の向上に向けた協働」事業，2）「中古自転車再生を通じた被災地支援」事業，3）「キレイの力で復興支援りびラボ」事業，4）「みやぎ／ふくしまを走る移動図書館」事業，5）「キャッシュ・フォー・ワークによる被災地復興」事業，6）「健康手帳電子化システム開発」事業，7）「トヨタ・子どもとアーティストの出会い」事業，の７つであった。その結果，これらの協働事業は，災害に対するレジリエンスを向上させる取り組みとして位置付けることが可能であるという結論が導かれた。

付記

本研究は，JSPS科研費26380485の助成を受けたものである。

注

1） ハード面だけでなく，ソフト面，精神面も含めた総合的な災害対策の重要性については，日本学術会議の東日本大震災復興支援委員会・災害に対するレジリエンスの構築分科会の提言した「災害に対するレジリエンスの向上に向けて」報告書においても示されている。災害に対するレジリエンスの向上は，その総合的な対策の1つの方向性である。
2） 継続的なリスク監視と日常的なリスクに対する備えの充実について，「災害に対するレジリエンスの向上に向けて」報告書の提言を正確に記述するならば，① 国家レベルにおける継続的リスク監視と迅速な情報共有・意志決定体制の整備，② 子どもから高齢者まで一人一人の防災教育とリスクマネジメント能力の向上，③ データ・防災情報リテラシーの向上および住民と行政の連携，を必要とする（15-16頁）。
3） レジリエンス向上のための防災・減災の推進について，「災害に対するレジリエンスの向上に向けて」報告書の提言内容を正確に記述するならば，① レジリエンス向上のための防災・減災の推進，② 災害時，被災地における速やかな司令塔の設置と連携体制，③ システム冗長性の設計理念の導入とネバー・ダイ・ネットワークの構築，④ 地域の実情に合った防災教育と定期的「想起教育」の推進，を必要とする（16-17頁）。
4） こころの回復を支える体制の整備について，「災害に対するレジリエンスの向上に向けて」報告書の提言内容を正確に記述するならば，① 災害時地域精神保健と医療的対応への平時からの備えの充実，② 災害時の地域精神保健と医療的対応の充実，③ 地域精神保健・医療面の長期的支援体制の整備，を必要とする（17-18頁）。
5） 公衆衛生システムの改善について，「災害に対するレジリエンスの向上に向けて」報告書の提言内容を正確に記述するならば，① 地域の健康危機対策の拠点としての保健セクターの機能の強化，② 保健セクターと福祉セクターの連携の強化，③ 社会関係資本の形成蓄積とそのための研究の推進，を必要とする（18-19頁）。
6） DiMAPSの詳細については，国土交通省ホームページを参照。
7） J-SHISの詳細については，国立研究開発法人防災科学研究所ホームページを参照。
8） 情報通信技術の一層の活用について，「災害に対するレジリエンスの向上に向けて」報告書の提言内容を正確に記述するならば，① 情報の発信側と受信側との情報格差を補完するための方策の策定，② 緊急時情報提供サービスの強靭化とそのための高度情報通信システムの設計開発，③ 人間の内発的レジリエンスを発現させるための情報環境の整備，④ 東日本大震災で得られた教訓のグローバルな公共知としての体系化と発信，を必要とする（19-21頁）。
9） 開発援助プログラムへのレジリエンス能力の統合と活用について，「災害に対するレジリエンスの向上に向けて」報告書の提言内容を正確に記述するならば，① レジリエンスの視点からの防災教育の充実と学校のコミュニティ防災拠点としての機能の強化，② コミュニティ再生のための物理的な場の確保と復興へのビジョンの明確化，③ 産学官ネットワークによる国内的・国際的なペアリングシステムの拡充，④ 防災に関る開発援助を効果的に推進するための理論と手法の確立，を必要とする（21-23頁）。
10） 「地域社会の防災力の向上に向けた協働」事業の詳細については，「第6回パートナーシップ大賞」受賞事例集『NPO＆企業 協働の10年 これまで・これから』，42-54頁を参照。
11） 「中古自転車再生を通じた被災地支援」事業の詳細については，「第8回パートナーシップ大賞」受賞事例集『NPO×企業 協働のススメ』，52-59頁を参照。
12） 「キレイの力で復興支援りびラボ」事業の詳細については，「第8回パートナーシップ大賞」

受賞事例集『NPO ×企業 協働のススメ』, 73-77 頁を参照。

13）高齢者介護施設で，メイクアップ，ファッションコーディネートを実施する「ビューティーキャラバン事業」も，第7回パートナーシップ大賞においてパートナーシップ賞を受賞した事業である。詳細は，「第7回パートナーシップ大賞」受賞事例集『NPO& 企業 協働評価』, 50-57 頁を参照。

14）「みやぎ／ふくしまを走る移動図書館」事業の詳細については，「第10回日本パートナーシップ大賞」受賞事例集『「協働」は国境を越えて』, 61-70 頁を参照。

15）「キャッシュ・フォー・ワークによる被災地復興」事業の詳細については，「第8回パートナーシップ大賞」受賞事例集『NPO ×企業 協働のススメ』, 65-69 頁を参照。

16）「健康手帳電子化システム」事業の詳細については，第11回日本パートナーシップ大賞受賞事例集『広がる共同 企業＆NPO272 事例のデータ分析』, 64-71 頁を参照。

17）「トヨタ・子どもとアーティストの出会い」事業の詳細については，「第6回パートナーシップ大賞」受賞事例集『NPO＆企業 協働の10年 これまで・これから』, 95-98 頁および「第10回日本パートナーシップ大賞」受賞事例集『「協働」は国境を越えて』, 28-36 頁を参照。

参考文献

枝廣淳子（2015）『レジリエンスとは何か』東洋経済新報社。

岸田眞代編（2010）『「第6回パートナーシップ大賞」受賞事例集―NPO ＆企業 協働の10年これまで・これから―』サンライズ出版。

岸田眞代編（2011）『「第7回パートナーシップ大賞」受賞事例集― NPO ＆企業 協働評価―』サンライズ出版。

岸田眞代編（2012）『「第8回パートナーシップ大賞」受賞事例集― NPO ×企業 協働のススメ―』サンライズ出版。

岸田眞代編（2013）『「第9回日本パートナーシップ大賞」受賞事例集―企業が伸びる地域が活きる協働推進の15年―』サンライズ出版。

岸田眞代編（2014）『「第10回日本パートナーシップ大賞」受賞事例集―「協働」は国を越えて―』サンライズ出版。

岸田眞代編（2016）『第11回日本パートナーシップ大賞受賞事例集―広がる協働 企業 &NPO272 事例のデータ分析―』サンライズ出版。

日本学術会議・東日本大震災復興支援委員会・災害に対するレジリエンスの構築分科会（2014）「災害に対するレジリエンスの向上に向けて」日本学術会議報告書。

Aldrich, D. P. (2012) Building Resilience: Social Capital in Post-Disaster Recovery, The University of Chicago Press（石田祐・藤澤由和訳『災害復興におけるソーシャル・キャピタルの役割とは何か―地域再建とレジリエンスの構築―』ミネルヴァ書房）。

Masten, A. S., Best, K. M.and Garmezy, N. (1990), Resilience and Development: Contributions from the Study of Children who Overcome Adversity, *Development and Psychopathology*, Vol.2, No.4, pp.425-444.

Putnam, R. D. (1993), Making Democracy Work: Civic Traditions in Modern Italy, Princeton University Press（川田潤一訳（2001）『哲学する民主主義―伝統と改革の市民的構造―』NTT 出版）。

Reason, J. (2008), The Human Contribution: Unsafe Acts, Accidents, and Heroic Recoveries, Ashgate Publishing（佐相邦英監訳，電力中央研究所ヒューマンファクター研究センター訳（2010）『組織事故とレジリエンス―人間は事故を起こすのか，危機を救うのか―』日科技連）。

Rutter, M. (1985), Resilience in the Face of Adversity, Protective factors and Resistance to

Psychiatric Disorder, *The British Journal of Psychiatry*, Vol.147, No.6, pp.598-611.
Winslow, C.A.E.（1920）The Untilled Fields of Public Health, *Science*, Vol.51, No.1306, pp.23-33.

参考 URL
国土交通省　統合災害情報システム　http://www.mlit.go.jp/saigai/dimaps/index.html
国立研究開発法人防災科学研究所　地震ハザードステーション　http://www.j-shis.bosai.go.jp/

コラム ❸

せとしんプロボノプロジェクト事業

コミュニティ・ユース・バンク momo
&
瀬戸信用金庫

今回，コラムで取り上げるのは，コミュニティ・ユース・バンク momo と瀬戸信用金庫の協働事業である「せとしんプロボノプロジェクト」である。この事業は，地域社会の課題の解決を目指すコミュニティビジネスの事業者を，資金面から支援すると同時に，そのコミュニティビジネスの社会的課題解決の経済的価値を，金融機関の視点から測定することで，コミュニティビジネスの可能性を事業者自らが認識するという事業である。

コミュニティビジネスの多くは，資金調達という問題に直面する。このような事業者は，実績，担保の有無などを気にする金融機関にとって，融資の対象とはなりにくい存在である。そのため，同じ「地域のため」という目標を掲げている，地域経済の重要な担い手である地域金融機関とは，お互いに

SROI 測定の様子

（出所）　企業提供（瀬戸信用金庫）。

融資をする，融資を受ける対象とはなりにくい関係であるといえる。このようなコミュニティビジネスの事業者と地域金融機関のすれ違いを解消することを目指したのが，せとしんプロボノプロジェクトである。

この事業の最大のポイントは，金融機関では融資が困難と判断された事業者に，コミュニティバンクのmomoが融資期間3年以内，融資上限500万円の融資をおこなうことだけではなく，融資後も事業者たちと信頼関係を築きながら支援することで，返済がきちんとおこなわれるというところにある。その最大の支援と言えるのが，瀬戸信用金庫のプロボノ達による，融資先事業者のSROI（社会的投資収益率）の測定である。SROIの測定では，事業者が実施した活動が，どのような社会的課題の解決に寄与したのかという成果の価値を測定する。測定対象となる価値を決定した後，事業者の代表者，従業員，取引先へのアンケートやヒアリングによって，実施した活動への投入費用や，その活動から得られた成果を貨幣価値に換算する。そして，投入費用と成果の貨幣価値の比率がSROIとして提示される。このSROIの測定のプロセスは，momoから提供される測定ワークシートに沿っておこなわれる。瀬戸信用金庫のプロボノ達は，金融機関ならではの視点で，事業者の非財務情報を経済的価値として評価し，換算することができる。まさにプロボノとしての活動である。

この「せとしんプロボノプロジェクト」事業は，NPO，ソーシャルビジネス，コミュニティビジネスの多くが直面する資金調達という問題への解決策の1つである，と同時に，地域金融機関である信用金庫の協働のあり方の1つとして，非常に興味深い事例である。

（小室達章）

第4章
ソーシャル・キャピタルと組織間協働
―東日本大震災の被災地において企業とNPOがつむぐ関係性―

[要約]

本章では，東日本大震災後の企業とNPOの協働による復興支援事例に焦点を当て，ソーシャル・キャピタル（SC）の観点から類型化を行った。(1)結束型／橋渡し型，(2)認知的／制度的，(3)ミクロ／マクロのSCの各次元に協働関係がどのように影響するか，について諸事例をもとにモデル化を試みた。(1)コミュニティに根差した活動を行うNPOと，市場という地理的制約を超えた活動を行う企業が協働することで，結束型SCと橋渡し型SCが連結され，SCの空間的な広がりが実現され得る。また，(2)支援対象者に寄り添うNPOが，感銘や共感の輪を広げるという点で認知的SCの向上に寄与しつつ，支援制度の不完全さを企業の協力を引き出し補完させるという点では制度的SCの向上に寄与し得る。そして(3)資源制約により，地域単位のミクロなSCの醸成に留まりがちなNPOも，企業との連携により支援モデルの汎用性を高めることで，マクロSCへと拡張させることができる。要するに，企業とNPOの協働は，異質でさまざまなSCを結び付け，人々の間の信頼関係や絆を強化しコミュニティの強靭さを維持しているといえる。

1. はじめに

東日本大震災の経験をふまえ，被災地においてはコミュニティ・レジリエンス（災害に対するコミュニティの強靭さあるいは回復力）をいかに高め，継続するかが議論されてきた。一方で震災後，企業やNPO，行政など多様なセクターがそれぞれの垣根を越えて協働し，コミュニティの再生と復興にあたってきた。その過程では，市民が互いに支え合う共助の関係づくりが模索され，地域社会における信頼関係や絆の再興が進められてきた。

本章では，こうしたマルチ・セクターによる被災地支援活動の中でも，とりわけ企業とNPOの協働による復興支援活動に焦点を当て，ソーシャル・キャピタル（社会関係資本や人間関係資本などと訳される）の観点から分節化・類型化し，コミュニティ内の関係性の回復にどのような役割を果たしてきたかを理論的視座から明らかにしてみたいと考える。

2. ソーシャル・キャピタルとNPO

ソーシャル・キャピタル―Putnam（1993）の定義によれば，信頼・規範・ネットワークといった，人々の協調行動を活発化させることで社会の効率性を高めることのできる，社会的特徴―の概念は，非営利組織（NPO）など市民活動セクターへの関心の高まりとともに，日本でも注目されている（東2003，高浦 2007）。ソーシャル・キャピタル研究の学問的系譜をたどれば，これまで，多くの研究者がソーシャル・キャピタルの供給者としてのNPOの役割に注目してきた（以下，西出と埴淵（2005）を参照）。

たとえばPutnam（1993，2003）は「活発なアソシエーションは，ソーシャル・キャピタルの創出に重要である。アソシエーションは，会員に協力・連帯・公共の精神の習慣を身につけさせる」と述べ，Salamon（1997，2002）も「NPOは，ソーシャル・キャピタルの創出と維持に重要な役割を担う。NPOに関わることで個人間のつながりを築き，政治経済的生活にまで及ぶ協力の規範を学び，国家のソーシャル・キャピタルを拡大する」と主張する。また稲葉（2002）も「NPOはソーシャル・キャピタルの供給者としての役割がある。NPOの活動やサービス提供行為自体が，信頼や規範を育むと同時に，サード・セクターとしてのNPOが総体としてソーシャル・

キャピタルを育む」としている。西出（2004）も，NPOが地域のソーシャル・キャピタルの創出を担うという視点から，市民が環境保護や高齢者福祉，緊急支援などのボランティア活動に参加する機会をつくり，地域での連帯を深めるための方策を議論している。

しかしながら，NPOが企業と連携することで，どのようにソーシャル・キャピタルが拡張しコミュニティの成長が促されるのか，そのプロセスについては十分に解明されてこなかった[1]。一方，開発援助の分野では，ローカルなコミュニティと政府との協働関係に注目し，ソーシャル・キャピタルの諸類型を用いて，コミュニティの成長に向けたソーシャル・キャピタル形成への介入方法を議論しているものがある（国際協力事業団・国際協力総合研修所 2002）。特に世界銀行のSCI（Social Capital Initiative）の研究グループは，ソーシャル・キャピタルを指標化し，その概念を開発事業に活用できるものにすることを主たる目的として研究を行っている（糸井 2007）。

本章でもこうした枠組みを参照しつつ，試論的に被災地支援の協働事例について分析を行う。事例選択にあたっては，社会的成果を生み出し評価がある程度確立された事例であること，またソーシャル・キャピタルの各類型に従った合理的解釈が可能であるものを代表的に選んでいる（したがって，既存の類型では適切にカテゴライズできず，類型を修正するか，あるいはあらたに類型を構築した方がよい事例が存在しうることを積極的に排除するものではない）。以下の節でとりあげる3つの事例は，いずれもNPO法人パートナーシップ・サポートセンター主催のパートナーシップ大賞（NPOと企業による全国の優れた協働事例を表彰するもの）において過去入賞した事例であり，先進性や成果，社会的影響等の点で一定の水準をクリアした事例と評価することができ，またインテンシブな聞き取り調査データをもとに解釈の適切性を確保しうる事例ということができる。

3. 結束型／橋渡し型ソーシャル・キャピタルと協働関係

最初のソーシャル・キャピタルの類型は，ソーシャル・キャピタルが影響を及ぼす対象とチャネルの違いによるものである（以下，国際協力事業団・国際協力総合研修所（2002：15）を参照）。つまり，コミュニティなどのグループ内の結束を強化させるものだけではなく，グループ外の他の集団や政府などのフォーマルな制度・組織との連携を強めるものもソーシャル・キャピタルであると理解し，前者を（内部）結束型（bonding）ソーシャル・キャピタル，後者を橋渡し型（bridging）ソーシャル・キャピタルと呼び区別するものである（Narayan 1999，Woolcock and Narayan 2000）。

一般に結束型ソーシャル・キャピタルと橋渡し型ソーシャル・キャピタルはトレードオフの関係にあるとされるが，コミュニティ内部の結束を固める働きかけをするNPOと，市場に開かれ，顧客との橋渡しを行う企業が互いに連携していくことで，双方のタイプのソーシャル・キャピタルの連結効果が期待できる（図表4-1）。ではこの対比概念を用いて，被災地支援のNPOと企業の協働事例を分析してみよう。

図表 4-1　協働関係が結束型／橋渡し型ソーシャル・キャピタルにもたらす影響

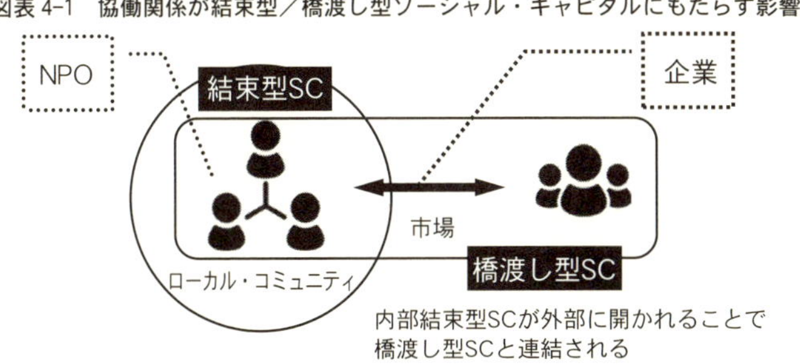

SC：ソーシャル・キャピタル（以下同）。
（出所）　筆者作成。

ケース）　EAST LOOP ブランド：小さな手仕事で被災地と世界を結ぶ[2)]

岩手県沿岸部を中心に東日本大震災後の被災地支援に取り組んでいた

NPO法人遠野山・里・暮らしネットワーク（岩手県遠野市）と，途上国支援のフェアトレード・ビジネスを展開してきた株式会社福市（大阪市）が生み出したのがEAST LOOPブランドである（以下，横山（2016）及び本書第1章コラムを参照）。EAST LOOPは，東北沿岸被災地の女性たちが編むブローチやマフラー等のニット製品の生産・販売を目的とした生業創出型のプロジェクトで，震災後2カ月弱でスタートし，累計売上約7,000万円（2014年12月時点）に達する成果を上げている。

このプロジェクトでは，遠野山・里・暮らしネットワークが支援物資を届ける拠点をもとに仮設住宅で暮らす被災女性たちを対象に編み手を募集し，地域ごとにグループを編成した（2015年8月時点で宮古市，大槌市，釜石市，大船渡市，陸前高田市，遠野市，気仙沼市の7カ所で約50名の編み手が登録）。編み手たちのグループ管理や生産管理も同NPOが担った。個人発注ではなく，地域のグループ単位での発注に切り替えたことで，効率性の向上のみならず，被災女性たちの交流やつながりの拡大にもつながったという。

一方，フェアトレードのセレクトショップを全国の百貨店や商業施設で展開してきた福市は，その経験とノウハウを活かし，企画デザインからデパート等の販路開拓，販売展示，PR，WEBショップの運営，フェイスブックを通じた顧客管理に至るまでマーケティング全般を担った。世界的にも知名度の高い外部のニット・デザイナーやファッション・デザイナーから無償でデザイン提供を受けるなど，福市の取引ネットワークの中での協業も見られる。こうしたトップデザイナーとの結びつきや，高島屋，阪急百貨店といった名の通った「一流の販路」での販売は，編み手の女性たちの仕事の誇りや安心感につながっているという。また同社はフェイスブックを活用することで，購入者の応援コメントを編み手に届ける取り組みを行っており，顧客と作り手の関係性の創出にもつながっている。

このケースでは，作り手の組織化や体制管理をNPOが担い，企画や販路開拓（作り手たちとデザイナー，顧客を結び付ける）を企業が行うという協働関係が見られた。ローカル・コミュニティ内での顔の見える関係やネットワークを活かした当事者支援と，その当事者支援に関心を持つ地域外の市民との市場関係を介したゆるやかなネットワーキングが形成されており，それぞれ結束型ソーシャル・キャピタル，橋渡し型ソーシャル・キャピタルに該当すると言えるだろう。コミュニティに根差した活動を行うNPOと，市場という地理的制約を超えた活動を行う企業それぞれの特性が活かされた協働パターンとなっている。NPOと企業の協働により，結束型ソーシャル・キャピタルと橋渡し型ソーシャル・キャピタルが連結され，ソーシャル・キャピタルの空間的な広がりが実現されている。

4. 認知的／制度的ソーシャル・キャピタルと協働関係

ソーシャル・キャピタルの類型化の2つめのパターンとして，その構成要素の特徴で分類したものがある（以下，国際協力事業団・国際協力総合研修所（2002：13）を参照）。社会組織・制度の存在に関連した制度的（structural）ソーシャル・キャピタルと，個人の心理的な変化プロセスや態度に直接影響を与える認知的（cognitive）ソーシャル・キャピタルという分類である（Krishna and Uphoff 1999）。制度的なソーシャル・キャピタルはネットワーク，組織での役割，ルール，手続きなどをさし，認知的ソーシャル・キャピタルとは規範，価値観，信条などをさす。いわばソーシャル・キャピタルには，認知的次元と制度的次元があるといえ，それぞれ相補的な関係にある。

ソーシャル・キャピタル創出の担い手であるNPOは，地域課題に深い関心を寄せ相互扶助の精神を発揮して認知的ソーシャル・キャピタルを醸成すると同時に，支援活動をシステム化することで制度的なソーシャル・キャピタルを強化する。ただし，こうして双方のソーシャル・キャピタルの次元に関わりながらも，その拡張にはNPO単体では制約がある。企業やその他の組織との連携を確立することで，認知的－制度的ソーシャル・キャピタルの高度化が期待されることになる（図表4-2）。

図表 4-2　協働関係がソーシャル・キャピタルの認知的／制度的次元にもたらす影響

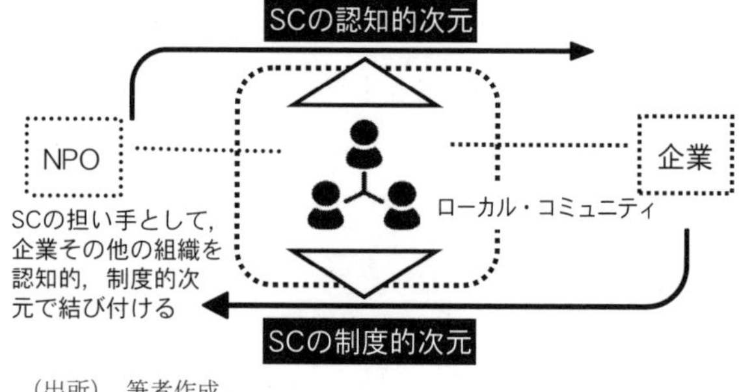

（出所）筆者作成。

ケース）　健康手帳の電子化：福島の子どもたちを被爆リスクから守る[3)]

本事業は，東日本大震災にともなう原発事故の被害に見舞われた福島県において，社会的支援の届きにくい児童養護施設の子どもたちの被爆リスクに対処するため，健康手帳を交付し，子どもたちの長期的な健康管理を可能にしようという思いから生まれた事業である（以下，高浦（2016）を参照）。小児看護学等の専門家からなるNPO法人福島県の児童養護施設の子どもの健康を考える会（以下，考える会）が，地元でソフトウェア開発を行っている福味商事株式会社と連携し，もともと推し進めてきた紙版の健康手帳を電子化することを企図した。より効率的で質の高い健康管理を提供し，また記録データの紛失や情報漏えいのリスクを低減させるシステムの構築が目指された。またデータを避難先で直ぐに活用することで災害対策になり得ることが期待された。

考える会代表の澤田氏は，震災後，被害状況の聞き取り調査のため，福島市内の児童養護施設青葉学園を訪問したが，「いかに子どもたちが被曝による健康被害の脅威にさらされているか，その状況を見聞きし深く心を痛めた」という。不利益な状況におかれた施設の子どもたちの健康を守ろうと，澤田さんは小児看護学の大学教授の座を投げ打ち，東京から福島に居を移し，他の看護系大学教員とともに支援活動の基盤をつくっていった。

健康手帳の電子化にあたっては，開発パートナーとして選ばれた福味商事にも，児童の放射線被ばくの問題について「同じ福島県人として見過ごせない」（同社事業担当者の鈴木氏）という思いがあり，地域住民の健康支援を事業の柱とする同社のミッションにも少なからず合致していたところから話が進んだ。本ソフトウェアの開発過程では，あらためて手書きの記録で職員の負担が増している現状を知り，健康記録の改善，職員の負担軽減のため，契約時には消極的であった各施設への個別対応も頻繁に行うようになった。当初，開発委託事業として請負ながらも，被災地の復興を同じ福島県人として支援するという意識のもと「採算をないがしろにしてもやるべきことがある。利益がすべてではない」と同社社長自らが取り組みを指示していったのである。これまで NPO との協働の経験がなかった同社であるが，福島の子供たちのために信念と情熱を以て行動している澤田氏の姿を見て，「深い感銘を受け意識づけが変わった」（担当者の鈴木氏）。社長も採算は二の次で事業協力する決断を行っており，朝礼等で社員全員に語りかけ事業意義の共有を図った。

また本事業では日本ルーテル教団から資金助成を得ているが，NPO のアイデアである健康手帳の版権を，活動の長期継続を想定して同教団に預けたり，開発ソフトのソースコード（基本プログラム）を，委託元のルーテル教団に帰属させるなどの主体的な措置をとっている。同教団の牧師で，震災支援対策責任者の安藤氏は，片手間ではなく大学の職を辞してまで活動に専念する澤田氏の取り組みを見て，「その覚悟にひかれた」という。

本事業は，原発事故による被曝の影響にさらされた児童，それも社会的な支援が必要とされる境遇の子どもたちを救おうという当事者の思いが 1 つになると同時に，多様なパートナーを巻き込むことで制度的にも支援体制が強化されるに至った事業であるといえる。本事例では，ソーシャル・キャピタルの主たる担い手としての NPO が，支援対象者への思いを伝え，感銘や共感の輪を広げるという点で認知的ソーシャル・キャピタルの向上に寄与しつつ，支援制度の不完全さを企業等の協力を引き出しネットワーク的に補完させるという点では制度的ソーシャル・キャピタルの向上にも影響を与えていることが類推される。

5. ミクロ／マクロ・ソーシャル・キャピタルと協働関係

ソーシャル・キャピタルの3つ目の類型として，ソーシャル・キャピタルの機能が及ぶ範囲に焦点を当てたものがある（以下，国際協力事業団・国際協力総合研修所（2002：13-14）を参照）。つまり，ローカル・コミュニティや小集団の規範やネットワークを対象とするミクロレベルのソーシャル・キャピタルと，より広範な住民を含む社会・政治的環境に関するマクロレベルのソーシャル・キャピタルという考えである（Grootaert and van Bastelaer 2001）。

概して地域課題に根差した問題意識をもつNPOは，地域単位での活動が中心となることから，ミクロ・ソーシャル・キャピタルの醸成に寄与することが多いが，その反面，マクロな社会への広がりを欠くことも多い。その点を補助するのが，企業等との協働であり，企業の提供する仕組みなどを使って，その支援モデルの汎用化を図ることが時に可能となる（図表4-3）。

図表4-3　協働関係がミクロ／マクロのソーシャル・キャピタルにもたらす影響

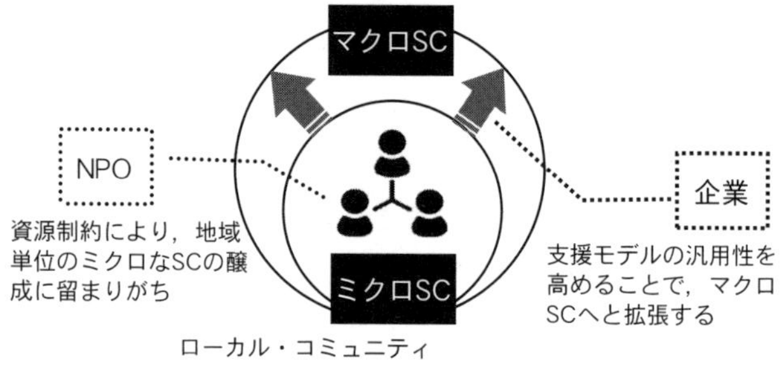

（出所）　筆者作成。

ケース）　e ラーニングによる「まなび場」の展開：地域の貧困の連鎖を食い止める[4)]

東北の被災地で放課後の子どもたちの居場所づくりと教育サポートに取り組んできた宮城県仙台市のNPO法人アスイクは，生活保護等を受ける低所得家庭の子どもたちを対象に，eラーニング教材の開発で知られる株式会社すららネット（東京）および地元生協と協働して学習支援するモデルを作り上げた（以下，高浦（2014）を参照）。それまで避難所や仮設住宅などで生活する子どもたちの無償学習サポートを行ってきたアスイクであるが，時間が経つにつれて，支援対象も，被災家庭の子どもたちから，経済的に困窮する家庭の子どもたちへと広がっていった。しかし子どもたちに対して学習ボランティアをマンツーマンで配置する従来型のモデルでは，それ以上の拡大が難しい状況にあった。加えて，ボランティアの人手に頼る教育では十分な学習時間が確保しづらく，学習成果も出にくいという側面もあった。

そこで，ゲーム感覚で学べることを特色としたオンライン学習教材の開発で定評のあるベンチャー企業，すららネットから，アスイクに対してeラーニング教材「すらら」を低料金で提供してもらうことにした。eラーニングの手法を活用することで，結果的に，少ないボランティア人員でも，より多くの子どもの受け入れが可能となり，かつ教育の質を一定に維持できるようになった。さらに，経済的事情等を抱えた子どもたちの学習支援を行う他のNPOに対しても，アスイクを介して「すらら」を提供するモデルを発表し，仙台市の3つの多様なNPOで順次，「すらら」を活用した学習支援が進められた。

こうしたeラーニング教材を活用することで，学習支援ノウハウの乏しいNPOであっても，パッケージ化された教育支援サービスの提供が可能となり，被災したシングルマザーや，定年退職後のシニアや少年院退所後の青少年の居場所づくりに取り組んでいるNPO関係者など多様でより多くの市民が支援に参画できるようになった。また，まなび場の活動場所の確保が難しく大きな課題となっていたところ，ちょうど生活困窮者への家計相談事業を立ち上げようとしていたみやぎ生活協同組合（以下，みやぎ生協）と理念が一致し，店舗内にある集会室をアスイクに無償で提供してもらえることになった。利府店（宮城県利府町）を皮切りに，順次，学びの場の運営者（学習サポーター）が集まった店舗から事業がスタートした。

結果的に2013年9月時点で，仙台市を中心に宮城県内10拠点でまなび場を展開し（生徒数は約60人），さらに福島県，岩手県においてもサポートステーション受託団体等と連携して増設した。このほか，仙台市の委託事業により中学生のみを対象にして市内5拠点の教室で，まなび場を無料実施した。

本事業はマスメディアでもしばしば取り上げられ，他県の住民やNPOからの問い合わせも増えた。学習支援のボランティアを確保しにくい過疎地域からも「この仕組みであれば自分たちの地域で子どもたちをサポートできる」との声が寄せられているという。一方，すららネットは本事業を通じて社会貢献のミッションを強く意識するようになり，BOP層（Base of the Pyramid：年間所得が3,000ドル以下の貧困層）へのアプローチのノウハウを蓄積することができた。アジア市場での展開を図る企業側はBOP支援の観点から，本事業を本業と並ぶ柱の社会貢献事業として発展させようとしている。アスイクの理事の紹介でバンコクのソーシャル財団（Change Fusion）ともつながりができ，同財団とともにJICAの助成事業に申請するなどの展開を見せている。

本事例では被災地の子どもの学習支援の枠組みが，企業との連携によりシステム化されることで人材的制約や空間的制約から解放され，ひとつの支援パッケージとしての汎用性を得ることができた。これにより地域の低所得世帯の子供向けの教育支援モデルへと全国的に敷衍化し，さらには途上国の貧困層支援のためのBOPビジネス事業としての発展の可能性まで見えてきた。地域限定的なミクロなソーシャル・キャピタルが，地理的にマクロなソーシャル・キャピタルへと拡張されていく流れをここに見出すことができる。

6. おわりに

これまでの分析では，結束型／橋渡し型ソーシャル・キャピタル，認知的／制度的ソーシャル・キャピタル，ミクロ／マクロのソーシャル・キャピタルといった多様な次元で，企業とNPOの協働がその創出，結合，循環に影響を与え得ることが，東日本大震災の被災地支援の協働事例において確認することができた。要するに，企業とNPOの協働は，異質でさまざまなソーシャル・キャピタルを結び付け，人々の間の信頼関係や絆を強化しコミュニティの強靭さを維持し得るのである。

そもそも企業は市場のプレーヤーであると同時に，社会に埋め込まれた（socially embedded）存在であり，重層的な性質を有する。そうした企業との協働により，もともとソーシャル・キャピタルの担い手であったNPOは，その支援の次元をより高めることができる。一方で，企業もまたNPOとの協働により，より社会に開かれた存在（企業市民）へと自らを変えることができる。被災地の復興支援への取り組みを続ける中で，企業とNPOはともにあらたな公共の担い手として自己の存在意義について省察するようになった。今後，企業とNPOによる協働の成果を測る際は，両者がどの程度の，またどのような種別のソーシャル・キャピタル形成につながったのかという視点から行うべきことが示唆される。

注

1）西出（2007）は「NPOは，市民の自発的参加や連帯に基づくという点で，SCを創出する重要な主体である。企業とNPOは，お互いの強みを生かして協働事業に取り組むことで，自らの利益だけではなく，地域における課題解決やSCの創出という役割も果たしていける」と示唆している。
2）第11回日本パートナーシップ大賞オルタナ賞受賞。
3）第11回日本パートナーシップ大賞優秀賞受賞。
4）第10回日本パートナーシップ大賞優秀賞受賞。

参考文献

東一洋（2003）「なぜ今ソーシャル・キャピタルなのか（前編）（後編）」日本総研『プロフェッショナルワーク・コラム「研究員のココロ」』2003年11月25日，12月1日。www.jri.co.jp/

consul/column/data/200-azuma.html
稲葉陽二（2002）「エピローグ—再び信頼の再構築に向けて」稲葉陽二，松山健士編『日本経済と信頼の経済学』東洋経済新報社。
糸林誉史（2007）『ソーシャル・キャピタルと新しい公共性』文化女子大学紀要人文・社会科学研究 15，75-85 頁。
国際協力事業団・国際協力総合研修所（2002）『ソーシャル・キャピタルと国際協力：持続する成果を目指して［総集編］』。open_jicareport.jica.go.jp/pdf/11691888.pdf
小室達章（2013）「陸前高田を支える次世代を育成して復興を支援！：『HSBC 陸前高田こども支援プロジェクト』事業」パートナーシップ・サポートセンター岸田眞代編『企業が伸びる地域が活きる』サンライズ出版，35-42 頁。
西出優子（2004）「ソーシャル・キャピタルと市民活動」山内直人編『NPO 白書 2004』大阪大学 NPO 研究情報センター。
西出優子（2007）「CSR とソーシャル・キャピタルの好循環」日経 CSR プロジェクト『CSR を考える』シリーズ。adnet.nikkei.co.jp/a/csr/think/think_cycle.html
西出優子・埴淵知哉（2005）「NPO とソーシャル・キャピタル—NPO 法人の地域的分布とその規定要因」山内直人，伊吹英子編『日本のソーシャル・キャピタル』大阪大学 NPO 研究情報センター。
高浦康有（2007）「ソーシャル・キャピタルの資本的形成—NPO 法人北海道グリーンファンドの市民風車設立事業を事例に」東北大学研究年報『経済学』研究ノート 68-74 頁。
高浦康有（2014）「貧困の連鎖に STOP！被災地から生まれた e ラーニング活用の学習支援：『e ラーニングによるまなび場の展開』事業」パートナーシップ・サポートセンター岸田眞代編『『協働』は国を越えて』サンライズ出版，46-54 頁。
高浦康有（2016）「福島の子どもたちを被曝リスクから守れ！児童養護施設のための健康管理ソフトの共同開発：健康手帳電子化システム開発事業」岸田眞代編『広がる協働　企業＆ NPO 272 事例のデータ分析』サンライズ出版，64-71 頁。
横山恵子（2016）「ソーシャル・アントレプレナー達が，動いた，つなげた，被災地の笑顔：『小さな手仕事で被災地と世界を結ぶ協働』事業」岸田眞代編『広がる協働　企業＆ NPO　272 事例のデータ分析』サンライズ出版，89-97 頁。
Grootaert, C. and T. van Bastelaer (2001), *Understanding and Measuring Social Capital: A Synthesis of Findings and Recommendations from the Social Capital Initiative*, Social Capital Initiative Working Paper No.24, Washington D.C.; The World Bank.
Krishna, A. and Uphoff, N. (1999), *Mapping and Measuring Social Capital: A Conceptual and Empirical Study of Collective Action for Conserving and Developing Watersheds in Rajasthan, India*, Social Capital Initiative Working Paper No.13, Washington D.C.; The World Bank.
Narayan, D. (1999), *Bonds and Bridges: Social Capital and Poverty*, Poverty Group, PREM, The World Bank.
Putnam, Robert D. (1993), *Making Democracy Work: Civic Traditions in Modern Italy*, with Robert Leonardi and Raffaella Y. Nanetti, Princeton, NJ: Princeton University Press.（河田潤一訳『哲学する民主主義—伝統と改革の市民的構造』NTT 出版，2001 年。）
Putnam, Robert D. (2000), *Bowling Alone: The Collapse and Revival of American Community*, New York:Simon and Schuster.（柴内康文訳『孤独なボウリング—米国コミュニティの崩壊と再生』柏書房，2006 年。）
Salamon, Lester M. (1997), *Holding the Center: America's Nonprofit Sector at a Crossroads*, Nathan Cummings Foundation.（山内直人訳，解説『NPO 最前線—岐路に立つアメリカ市民

社会』岩波書店，1999 年。）

Salamon, Lester M. (2002), *The Resilient Sector: The State of Nonprofit America*, Brookings Institute Press.

Woolcock, M. and D. Narayan (2000), "Social Capital: Implications for Development Theory, Research, and Policy", *The World Bank Research Observer*, Vol.15, No.2, pp.225-49.

コラム ❹

被災地支援におけるCSRと ソーシャル・キャピタルの好循環

NPO法人NICE（日本国際ワークキャンプセンター）
&
HSBCグループ，国立青少年教育振興機構，陸前高田市教育委員会

世界的な金融グループであるHSBCグループの日本拠点は，東日本大震災で被災した岩手県陸前高田市において，国際ボランティア支援団体のNPO法人NICE（日本国際ワークキャンプセンター）と連携しながら，社員有志の災害ボランティア活動（がれき撤去や草刈りなど）を支援してきた。そうした活動を続ける中，市内の子どもたちの教育環境が，修学費用の不足，安全な遊び場の喪失，次世代育成の必要など厳しい現実に直面していることを同社の社員たちは知ることになる。同社の社会貢献部門であるコーポレート・サステナビリティのセクションが中心となり，英国本社と掛け合いながら支援の予算立てを行っていった。こうして，陸前高田市教育委員会やNICEと連携した，① 市内小中高校への自由度の高い奨学金の提供，② 市内小中学生を対象とした国際交流英語教育キャンプの開催，③ 市内中高生を対象とした国際ワークキャンプ渡航支援の3つの支援を柱とした

CSRとソーシャル・キャピタルの循環モデル

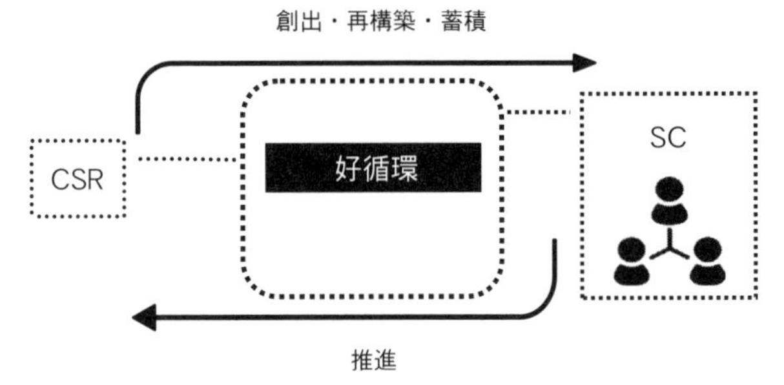

（出所）　西出（2007）。

英語教育キャンプの活動風景

（出所） NICE 提供。

「HSBC 陸前高田こども支援プロジェクト」（プロジェクト予算 3,500 万円）が 2011 年 11 月に始動した（本事例は 2012 年第 9 回日本パートナーシップ賞を受賞。詳細は小室（2013）を参照）。

この大規模な CSR プロジェクトは単に資金拠出のみならず，社員ボランティアが英語教育キャンプに参加して子どもたちと交流する社会参加の機会を創出していった。また本事業への参加を契機に，被災地の名産品を購入することで復興支援を行う「お土産ファンド」など社員有志の独自プロジェクトが立ち上がり，支援の気運が高まった。さらにインドネシア，タイ，ベトナムでの国際ワークキャンプでは，津波や洪水，台風の被害を受けた地域の復興支援に陸前高田市の中高生が関わることで，被支援者という立場から支援者という立場にたって助け合いを実践していくという体験の機会を中高生にもたらした。

ところで西出（2007）は「企業が社会的責任を果たしていくことは，従業員や顧客，地域など多様なステークホルダーとの信頼関係やネットワークの構築につながり，社内や地域，社会で構築された信頼やネットワークは，さらに CSR の取り組みを促進する。すなわち，ソーシャル・キャピタルは CSR の重要な成果であると同時に，CSR を推進するエンジンともいえる」と述べ，CSR とソーシャル・キャピタルの循環モデルを提示している（図表）。本事例も，社員有志による災害ボランティア活動をきっかけに，被災地コミュニティとの関係を深めていく中で，地域の課題を認識した企業のCSR部門がその活動を後押しし，そのことがソーシャル・キャピタルのさらなる醸成を社内外にもたらす（社員の自発的な復興支援プロジェクトを誘発したり，東北の被災地から海外の被災地へ助け合いのネットワークを築く）といった変化を生み出している。CSRとソーシャル・キャピタルとの間に互いを強化する好循環が生み出されていった典型事例として解釈することができる。

［第9回パートナーシップ賞受賞］

（高浦康有）

第5章 価値共創経営とクロスカルチュラル・パートナーシップ

[要約]

企業，NPO，行政が個々に取り組むだけでは，複雑化，重層化する社会課題の解決は難しい。しかし，企業とNPOの活動は，しばしば異なる目的や要因によって動機づけられている。こうした課題に対する1つの答が，クロスカルチュラル・パートナーシップである。クロスセクターによるパートナーシップを活用することによって，異なる組織の期待を実現する可能性を秘めた協働の機会は確実に増えていくだろう。企業，市民社会，行政など，多様な主体によるプライヴェートなコラボレーションであるクロスカルチュラル・パートナーシップは，戦略的かつ実践的な活動形態として，また，持続可能な社会経済システムの実現に向けた変革のドライバーとして期待されている。

現代企業に求められる経営のあるべき姿は，多様性に富む社会の価値観と企業のDNA（ナレッジ，技術，文化等）をクロスさせるビジネスモデルの創出である。クロスカルチュラル・パートナーシップを活用した新たなビジネスモデルを，クロスバリュー・エクステンション戦略と名づけたい。

1. 課題と視角

2015年9月，国連で持続可能な開発目標（Sustainable Development Goals：SDGs)」が採択された。SDGsは，17の目標と169のターゲットで構成されており，「誰も取り残されない」世界の実現を目指している。SDGsは，貧困の根絶，健康と福祉の増進，ジェンダーの平等，持続可能な生産と消費，気候変動への対策，包摂社会の促進，パートナーシップの強化など，環境や社会に関する広範な課題を対象としており，企業の事業戦略とグローバル社会が抱える課題を結び付けることを目指している。

SDGsの目標17には「持続可能な開発実施手段を強化し，グローバル・パートナーシップを活性化する」[1)]ことが盛り込まれている。SDGsは，政府間で合意されたものであるが，その成否は企業やNPO／NGOなど，あらゆる主体による行動や協働に大きく依存している。

SDGs Compassによれば，「2014年に実施されたある調査によれば，調査対象となった3万8,000人の企業の役員・管理職およびオピニオンリーダーのうち，90%が持続可能性の課題は企業単独では効果的に対処することはできない」[2)]と回答している。多様な組織との協働なくして，SDGsの達成は難しいといえよう。

図表5-1は，SDGsの実現に向けて推奨される，パートナーシップの形態を示したものである。わが国では，企業とNPO，行政とNPOなど，多様なステークホルダーによるパートナーシップが徐々に成果を生みつつある。

企業は，自社の業務特性を踏まえて，SDGsが掲げる各目標の中から優先順位をつけて課題に取り組むことになろう。しかし，選択した個々の目標に

図表5-1　パートナーシップの形態

協働タイプ	パートナーシップの内容
バリューチェーン パートナーシップ	バリューチェーン内の企業が相互補完的な技能・技術・資源を組み合わせて市場に新しいソリューションを提供する。
セクター別 イニシアチブ	業界全体の基準・慣行の引き上げと共通の課題の克服に向けた取り組みにおいて，業界のリーダーが協力する。
多様なステークホルダー によるパートナーシップ	行政，民間企業および市民社会組織が協力して，複合的な課題に対処する。

（出所）　GRI, UNGC, WBCSD（2015）『SDGs Compass』24頁を基に筆者作成。

ついて，企業が単体で成果を挙げることには限界がある。恐らく，日本企業の大半は，SDGsを前にして，どのようにアプローチすべきか，なかなか方向性が見出せないのではなかろうか。SDGsの目標17で示されたNPOとのパートナーシップは，企業が進むべき方向性について新たな示唆を与えてくれるかもしれない。

SDGsの実現に向けたパートナーシップには，①共通目標の設定，②それぞれのコア・コンピタンスの活用，③プロジェクトにおける政治的色彩の除去，④明確なガバナンス体制の整備，⑤単一のモニタリング体制の構築，⑥影響の重視，⑦今後の資源需要の予測およびナレッジ・マネジメント手法の確立が必要であると指摘されている。[3)]

SDGsはNPOとのパートナーシップを通じて，企業の中核システムであるバリューチェーンの全体，すなわち製品・サービスの提供，顧客対応，サプライチェーン管理，原材料の選択・使用，輸送・販売網，製品の廃棄に至るあらゆる側面を変革させることを企業に求めている。NPOとの協働は，サプライチェーン全体における社会に対する正の影響を強化し，負の影響を極小化することにあるといえよう。

図表5-2　サプライチェーンの全体像

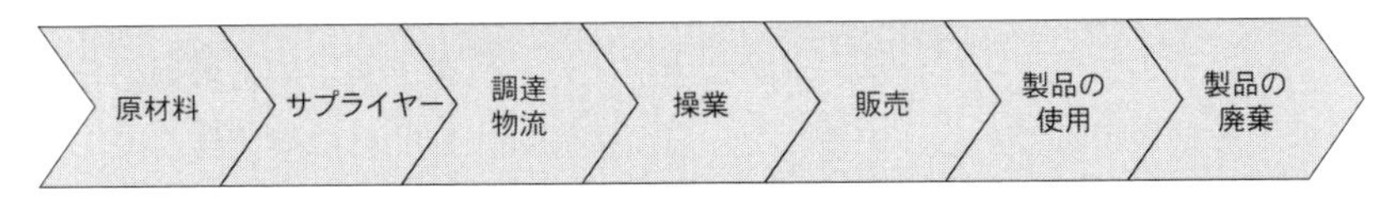

（出所）　GRI, UNGC, WBCSD（2015）『SDGs Compass』12頁を基に筆者作成。

2. 企業の社会的責任を巡る論争とその帰結

本節では，第二次世界大戦後のグローバル社会における，企業の社会的責任を巡る議論について振り返ってみたい。戦後，イギリスの労働党政権は高福祉政策を展開した。いわゆる「ゆりかごから墓場まで」と言われる政策である。自由競争を制限する各種規制や基幹産業の国営化などによる産業保護政策によって，イギリスの国際競争力は著しく低下し，経済活動は停滞へと向かった。

1978年，マーガレット・サッチャー率いる保守党政権が誕生すると，労働党政権時代の高福祉政策を撤廃し，大きな政府から小さな政府への転換を図った。サッチャリズムと称される政策の数々は，個人と市場を重視し，民営化，規制緩和，減税などの大胆な改革を通じて，英国病からの脱却を図ろうとするものであった。

「ビッグバン」といわれる金融市場の自由化を主導したサッチャーは，アメリカのレーガン大統領が掲げた新自由主義経済思想に基づくレーガノミクスと呼応して，市場主義経済を基軸とするグローバリズムへの流れを築いたのである。鉄鋼，自動車，石炭，航空，鉄道，通信など，戦後国有化された基幹産業は，次々に民間化され労働組合は弱体化していった。

レーガノミクスやサッチャリズムを支えたのは，新自由主義（Neo Liberalism）と呼ばれる経済思想である。この思想は規制のない自由主義経済を理想とし，犯罪行為に対する取締りを除けば，あらゆる市場への規制は排除すべきという自由放任主義の考えに立脚していた。

1970年代に新自由主義を主張したのが，シカゴ学派のリーダーであるミルトン・フリードマンだった。フリードマンは，資本主義とは企業が利益を追求するシステムであると主張した。雇用問題は長期的には経済構造によって自律的に回復し，経済成長は自由競争に委ねておけば，イノベーションや労働供給などの実質要因によって解決できると主張した。

新自由主義に基づく経済政策は，過度な成長至上主義を招き，経済格差の拡大など様々な課題を残した。サッチャーが推進した市場経済化路線の弊害が目立ってきたイギリスでは，1997年に発足したブレア政権の下で，経済効率と社会的公正の両立を志向する資本主義への転換が試みられた。ブレアはCSR（Corporate Social Responsibility）の推進に積極的な姿勢を示し，2001年に貿易産業省（DTI：Department of Trade and Industry）内に

CSR 担当大臣のポストを新設して，各省の政策と CSR の体系化を進めた。彼は地球環境の保全や，ゆとりと思いやりのある社会作りを優先することを通じて，サステイナビリティの実現を目指したのであった。

価値観の異なる国々が協働して，共生社会の実現を目指す欧州連合（EU）では，社会結合（Social cohesion）がキーワードとなっている。異なる経済思想や価値観を統合した資本主義モデルを確立しなければ，共生社会の実現は難しい。1990 年代の欧州では，若年層の失業問題や社会的排除が深刻化しており，企業にはこれまで以上に社会的な役割を担うことが求められた。このような社会情勢の中で注目を集めたのが CSR である。CSR を企業経営の中核に位置づけることで，企業に社会的課題の解決に向けた取り組みへの関与を促したのである。

EU 首脳会議で採択された「リスボン戦略」(2000 年）では，2010 年までに「より良好で多くの仕事とより強力な社会的包摂を伴った持続可能な経済成長を可能とする，世界で最も競争力がありダイナミックな知識ベースの経済の構築」という目標が掲げられた。この目標を達成するため，EU では CSR を加速させる様々な政策が展開されるようになったのである。

3. 機関投資家の台頭とショートターミズムの呪縛

1980 年代半ばから進展した金融のグローバル化によって，年金基金，保険会社，投資信託など，機関投資家の株式保有比率が拡大した。企業の資金調達のあり方も大きく変化した。メインバンクを中心とした間接金融から，エクイティファイナンスを活用し，資本市場から直接資金を調達する方向にシフトしたのである。この結果，メインバンクによる経営モニタリングが衰退する一方で，物言う株主としての機関投資家の存在が際立つようになった。

日本企業に対する外国人機関投資家の投資比率は年々高まりをみせ，全国 4 証券取引所上場会社の株式投資残高に占める外国人機関投資家の割合は，

30% 近くに達している。[4] 欧米の機関投資家は，ROE（Return on Equity：株主資本利益率）を投資判断のベンチマークとして重視しており，それが経営者に対して短期的な株価上昇を求める形となって表れている。そのため，収益の拡大に寄与しない要素については，コスト要因として切り捨てることも少なくない。収益が低迷する企業に対しては，短期間で ROE を改善するための大胆な経営改革を求める傾向が強い。

戦後の日本企業は株式持合いなどの経済システムによって，潤沢な内部留保を確保し，長期的な成長を目指した設備投資や研究開発に資金を投入してきた。その反面，日本企業の ROE は，欧米企業に比べ総じて低い水準にとどまっている。外国人機関投資家は，日本企業の低すぎる ROE に対して常に不満を抱いている。

金融自由化を背景に，国内の機関投資家にも株主利益の拡大こそが，経営者の最大の責務であるという認識が定着しつつあり，日本企業に対して ROE の向上を強く求める動きが活発化している。

2003 年に施行された改正商法によって，日本企業は監査役制度に加えて，アメリカ流のコーポレートガバナンス制度である「委員会等設置会社」へ移行できることとなった。コーポレートガバナンスのあり方を再構築すること自体に問題はない。しかし，株主軽視との批判を強める欧米の機関投資家対策として，コーポレートガバナンスの体裁を整えるだけでは意味がない。

企業価値の向上，すなわち株価の上昇を求める機関投資家の要求は，今や資本市場の常識となった。機関投資家間の収益競争は，短期的な投資リターンの獲得を追求する，ショートターミズム（短期主義）を生み出している。これが 80 年代以降のグローバル市場を席捲している，株主資本主義の本質である。

サステイナビリティが，地球サミットで提唱されて久しい。しかし，グローバル市場のパラダイムは，依然として株主資本主義的な価値観が支配的であり，サステイナビリティへのパラダイム変革は遅々として進んでいない。

経済同友会は，2003年に公表した第15回企業白書『「市場の進化」と社会的責任経営—企業の信頼構築と持続的な価値創造に向けて—』において，これまでの方針を改めてCSR重視の方針を打ち出した。遡ること約50年前，同会が公表した「経営者の社会的責任の自覚と実践」決議（1956年）では，企業の社会的責任とは，安定的に収益を確保し，企業を維持存続させることにあると主張していた。つまり，企業の社会的責任とは，収益を獲得し経済的責任を果たすことであった。当時の経営者は，顕在化した公害問題に対する批判を，パイ（収益）を拡大させることでカムフラージュしようとしたが，その背景には，こうした考え方が色濃く反映していたと考えられる。

一方，この白書で評価すべきは，CSRが企業にとってコストではなく，社会ニーズの変化をいち早く価値創造へと結びつける投資であると述べている点であろう。ここで提示された考え方は，CSRに対する現代社会の認識と軌を一にするものである。この概念の延長線上に，M.ポーターが提起した価値共創仮説（Creating Shard Value：CSV）があるといえよう。2003年をCSR経営元年[5)]とする主張も一部にみられる。本章では深く立ち入らないが，戦前期の日本企業にもCSV的な経営思想は随所に見られることを忘れてはならない。

4. 経営パラダイムの変革に向けた動き

(1)　新たなコア・コンピタンス

業界を問わず日本企業の多くは，技術・ノウハウと事業プロセスを磨くことで，機能，品質，価格をコア・コンピタンスとしてきた。地球環境と社会に関する制約条件が少なかった20世紀社会では，機能，品質，価格の3要素を兼ね備えた製品とサービスによって，豊かな生活が築かれてきたといえよう。

昨今，ROEや株価を経営目標に掲げる企業は少なくない。企業の経営幹部を育てるビジネススクルールでは，ROEや株価を引き上げる術を学ぶことはできるかもしれないが，企業は何のために存在するのか，経営者は何をなすべきかなど，企業と社会の本質的な課題を議論する機会は少ないだろう。

日本企業の技術力や品質に対する世界からの評価は極めて高い。しかし，高い技術力を有しているにもかかわらず，日本企業はグローバル社会で埋没しつつある。ハイスペックな製品を開発しても，社会に潜在する課題の解決に貢献できなければ，人々から信頼と共感は得られない。

わが国の企業社会では，「イノベーション＝技術革新」と捉える傾向が強い。これは，イノベーションの一面を捉えているに過ぎないといえよう。イノベーションの本質は，技術革新だけではなく，社会や顧客にとって新しい価値を創造し，広く普及・浸透させていくことにあるといえよう。現代社会が求めるイノベーションとは，企業が生み出すプロダクトを通じて，持続可能な社会への変革をリードする経営構想力なのである。

日本企業の課題は，技術的なイノベーションを偏重するあまり，社会と企業の関係性を見失ったことである。企業が内包する多様なナレッジの組み合

図表5-3　価値共創ビジネスモデル

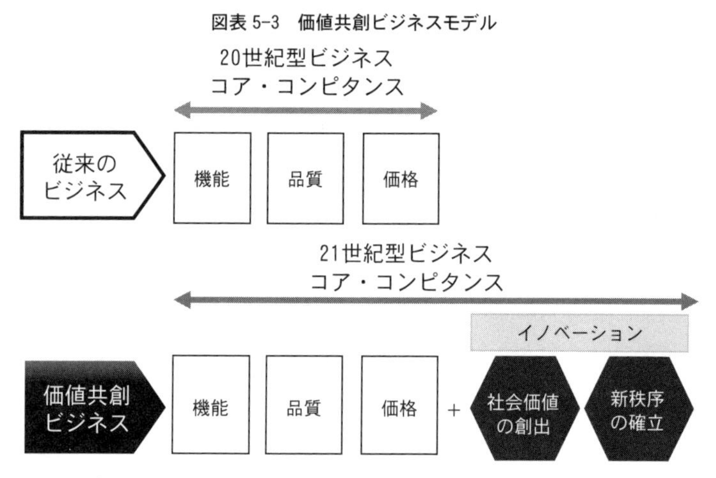

（出所）　藤井（2014）37頁を基に筆者作成。

わせによって，あるべき未来社会の構築に向けて変革をリードする価値観や文化を作りだせなければ，イノベーションとはいえないだろう。

(2) 企業経営の競争軸の変容

ピーダーゼン（2009）は，20世紀型企業の成長要因として，① 自己変革力，② マーケットシェア，③ 価格，④ 品質という4つの競争軸を挙げた。[6] 自己変革力とは，長期的な成長を継続するための要素であり，社会の変化に呼応して企業そのものが再生を繰り返し，革新的なプロダクトを生み出す能力をいう。

マーケットシェアとは，顧客にとって企業が生み出すプロダクトが，手に入りやすいか否かを意味している。ピーダーゼンは，パナソニック創業者の松下幸之助が説いた水道哲学を例に挙げて，プロダクトの手に入りやすさは，企業の競争力を左右してきたと指摘している。価格とは，安さを追求するという意味ではない。顧客の期待値に対して適正な値決めをすることが，プロダクトが選ばれ続ける要素となるのである。

品質は，製品品質とプロセス品質からなる。日本企業は，製品およびプロセスの質を高めるために，TQCやTQMを活用しながら，企業体としての組織の質を高めることでグローバル市場を席捲してきた。いわゆる品質経営である。品質経営がピークに達した80年代，日本企業は，“Japan as Number One”と賞賛された。日本企業の品質経営から多くを学んだ欧米企業や新興国企業の台頭によって，日本企業はグローバル市場で，かくも弱き存在となりつつある。

ピーダーゼンはこの4つの要素を，これまで企業の生存を左右してきた競争軸と位置づけた。彼は4つの要素に環境革新・持続可能性の追求を加えて，21世紀社会を生き抜くための第5の競争軸と位置づけた。「自社の持続的発展と社会・自然の持続可能な発展を同軸でとらえる経営」こそが，近未来市場に適応する絶対条件だという。[7]

第5の競争軸は，前項で指摘した「社会価値の創出」および「新秩序の確立」と本質的には同じ意味を持っている。個（企業）の最適化（利潤極大化）を志向したビジネスモデルから，全体（地球・社会）の最適化（持続可能性）を志向するビジネスモデルへの変革が，両者に共通するパラダイムといえよう。

図表5-4　21世紀社会における企業経営の競争軸

第1の競争軸 自己変革力	第2の競争軸 マーケットシェア	第3の競争軸 価値	第4の競争軸 製品品質 プロセス品質	第5の競争軸 環境革新 持続可能性の追求
時代・市場の変化に合わせ，企業経営と事業戦略そのものを抜本的に変え続ける能力	自社及び自社製品の市場におけるポジショニングに合わせてマーケットシェアの最適化を図る能力	市場や他者の状況，ブランドイメージに合わせて，適切な価格設定・値付けを行い，状況に合わせて維持・刷新する能力	製品の性能面の品質と製造プロセスやサプライチェーンのプロセス品質を高める能力	環境制約・社会制約の変化を戦略的にとらえ，経営変革と事業の革新を通じて，新たな企業価値の創造に結びつける能力

（出所）　P.D.ピーターゼン（2009）114-117頁に基づき筆者作成。

5. CSRからCSVへの展開

M.ポーターが提唱した，価値共創仮説に対する日本企業の関心は高い。キリン（株）は，2013年に実施したグループ会社の統合再編を機にCSVを経営コンセプトの中心に据え，さらに，企業価値の再構築を目的としたCSVの推進組織として，CSV推進部を新設している。CSVの概念に関心を寄せる企業は多いが，同社の事例はトップマネジメントが自らCSVを経営コンセプトに取り入れた稀なケースである。では，ポーターのCSR仮説がどのような変遷を経てCSVに至ったのかを振り返っておこう。

(1)　戦略的CSRの提唱

2006年に発表した「競争優位のCSR戦略」[8] において，ポーターは従来のCSRが「企業と社会の相互依存関係ではなく，対立関係に注目している」[9] とし，「企業の戦略とは全く無関係なCSR活動や慈善活動が選ばれ，社会的意義ある成果も得られず，長期的な企業競争力にも貢献しない」[10]と指摘した。彼は企業が社会と密接な相互依存的関係にあり，健全な社会の存在が企業の存続には欠かせないという立場をとっている。

図表 5-5 で示したように，社会問題は，① 一般的な社会問題，② バリューチェーンの社会的影響，③ 競争環境の社会的側面に分類されている。さらに，この 3 つのカテゴリー内を戦略的 CSR と受動的 CSR に分類し，企業はその経営資源を優先度の高い戦略的 CSR に投入するべきであると主張している。

戦略的 CSR とは，「CSR 活動は社会的価値と経済的価値の実現において，地域と社会の期待を上回るものでなければならず，周囲への迷惑を減らすというレベルにとどまらず，社会をよくすることで戦略を強化するレベルを目指すべき」[11]という，ポーターの価値観を背景とした概念である。

図表 5-5　戦略的 CSR と受動的 CSR

	一般的な社会問題	バリューチェーンの社会的影響	競争環境の社会的側面
カテゴリーの内容	社会的には重要でも，事業活動から大きな影響を受けない社会問題。 企業の長期的な競争力に影響を及ぼさない社会問題。	通常の事業活動によって，少なからぬ影響を蒙る社会問題。	外部環境要因のうち，事業展開する国（地域）での競争力に大きな影響を及ぼす社会問題。
戦略的 CSR		バリューチェーンの活動を社会と戦略の両方に役立つものに変える。	戦略的フィランソロピー 自社のケイパビリティをテコに，競争環境の重要部分を改善する。
受動的 CSR	善良な企業市民活動	バリューチェーンの活動から生じる悪影響を緩和する。	

（出所）　Porter, Michael E.and Kramer, Mark R.［2008］を基に筆者作成。

(2)　価値共創仮説への展開

2011年，ポーターは，戦略的CSRを発展させた「共通価値の創造(Creating Shared Value)」[12] を発表した。この論文で提起された共通価値は，「社会と経済の双方を同時に発展させることを前提としたものであり，コストを意識した便益を意味する。この定義に基づく共通価値の創造とは，企業が社会的ニーズや課題に取り組むことで社会的価値を生み出し，その結果，経済的価値が創造される」と定義されている。[13]

社会的価値とは環境および社会側面のサステイナビリティを意味し，経済的価値とは企業の存在に不可欠な利潤である。共通価値の創造とは，環境および社会側面のサステイナビリティを高めつつ，自社の利益も併せて実現するというアプローチである。

2010年，ISO26000が発効し，組織の社会的責任や責任ある行動への期待感から，CSRに対する意識や取組内容に変化が生じている。企業が市民社会の一員として，様々な課題に取り組むことで社会的価値が創出されると，企業のビジネスチャンスも広がる。その結果，社会と企業双方のサステイナビリティが向上する，という認識が企業社会に醸成されつつある。社会変革の担い手として期待される企業には，社会的価値と経済的価値の双方を同時に実現することが求められているといえよう。

図表5-6はCSRとCSVに関する，ポーターの主張を俯瞰したものである。ポーターは，従来のCSRの多くが外圧を受けた結果であると主張する。地球温暖化や環境汚染など，社会が負担を強いられる費用（社会的費用）が発生すると，社会はこのような外部不経済を内部化するよう企業に対して求める。このような社会問題（外部不経済）に対処することがCSRであり，企業は評判を高めるためにコストをかけてCSRに取り組んできたと指摘する。[14]

一方，ポーターは社会問題に対処することは，企業にとって必ずしもコスト要因だけに終わるとは限らず，社会問題の解決に向けた取り組みがイノベーションを生み出し，併せて生産性の向上と市場の拡大を実現できると述べている。

ポーターの主張は，CSR を通じて企業が生み出した経済的価値を再配分するのではなく，経済的価値と社会的価値の総量を拡大することが大切であり，これが共通価値の本質だというのである。確かに，共通価値は CSR やフィランソロピーとは本質的に異なる概念であり，企業が生み出した価値を社会に対して再配分することでもない。ポーターは国内外で普及しているフェア・トレードは共通価値の創造ではなく，企業が生み出した価値の再配分に過ぎないと批判している。[15)]

図表 5-6　CSR と CSV の本質

	CSR	CSV
目的・価値	善行	コストと比較した経済的便益と社会的便益
態様	シチズンシップ，フィランソロピー	企業とコミュニティが共同で価値を創出
動機	任意あるいは外圧	競争に不可欠
利益との関係	利益の最大化とは別物	利益の最大化に不可欠
テーマ	個人の嗜好によって決まる	企業毎に異なり内発的
制約条件	企業業績や予算的制約を受ける	企業の予算全体を再編成する
具体例	フェアトレード	調達方法を変えることで品質と収穫量を向上させる

（出所）Porter, Michael E.and Kramer, Mark R.［2011］29 頁を基に筆者作成。

6. 価値共創経営におけるパートナーシップの位置づけ

そもそも，経済的価値を生み出すための仕組みとして作られた企業にとって，社会的価値の創出はたやすいことではない。CSR には，現金や物品の寄付，従業員が活動主体となる社会貢献活動プログラム，従業員が個人的に参加するボランティア活動への金銭的支援や休暇制度の整備による制度的支援など様々な形態がある。活発な CSR 活動にも関わらず，市民の多くが CSR を通じた社会的価値の創出を実感するには至っていない。

図表5-7は，ステークホルダー価値を生み出すプロセスを示したものである。ステークホルダー価値は外部ステークホルダー（e.g. 市民，コミュニティ，地球環境）と，内部ステークホルダー（e.g. 株主，経営者，従業員）が求める価値から構成される。外部ステークホルダーは社会的価値を，内部ステークホルダーは経済的価値を希求する傾向が強く，両者を統合したステークホルダー価値が共通価値と位置づけられる。

責任ある経営とは，ステークホルダー・アセスメントとステークホルダー・マネジメントの実践を通じて，内外のステークホルダーが求める価値を同時に実現する経営と位置づけられる。つまり，共通価値を最大化するには，個々のステークホルダーと企業の価値観の相補性を理解するステークホルダー・アセスメントと，企業とステークホルダー間のパートナーシップを構築するステークホルダー・マネジメントの実践が不可欠なのである。

活動と成果のギャップという閉塞感に苦しむ企業は，NPOとのパートナーシップに関心を寄せている。2000年代に入ると，NPOへの支援を行う事例や社会的価値の創出に向けてNPOとパートナーシップを組む事例が増加し

図表5-7　ステークホルダー・マネジメントのフレームワーク

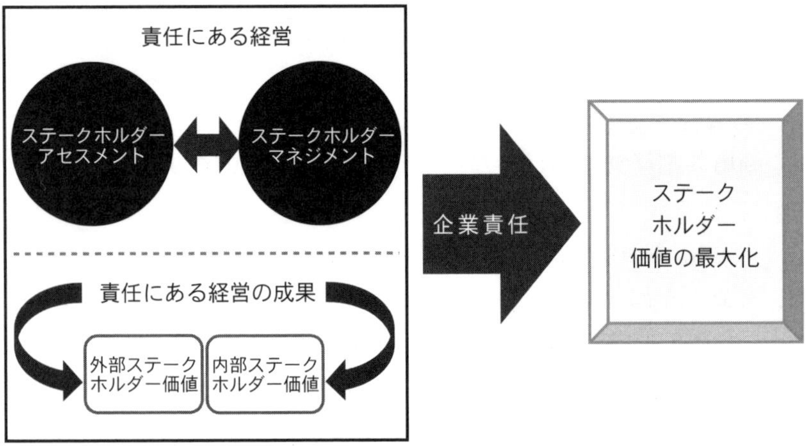

責任にある経営
ステークホルダーアセスメント
ステークホルダーマネジメント
責任にある経営の成果
外部ステークホルダー価値
内部ステークホルダー価値
企業責任
ステークホルダー価値の最大化

（出所）　Laasch, Oliver.and Conaway, R. N.（2014）27頁を基に筆者作成。

ている。企業単体では難しい社会的価値の創出を，NPO の力を借りて実現しようというのである。企業と NPO のパートナーシップは，ポーターが提唱した価値共創経営を支える極めて有効な取り組みといえよう。

7. 求められる経営観の変革

わが国の企業社会では，公正な事業活動を通じて獲得した利益を背景に，雇用の場を広げ，税金を支払うことが企業の社会的責任であるという考えが支配的だった。経済同友会が 1956 年に公表した「経営者の社会的責任の自覚と実践」決議をもって，わが国における CSR の基点とする意見がある。[16] この決議の背景には，公害問題を契機に高まった企業不信への危機感があると考えられるが，そこで主張された社会的責任とは企業維持の責任，すなわち経済的責任であった。

四大公害訴訟における被害者（原告）の勝訴などによって，1970 ～ 80 年代前半は，企業の社会的責任に関して活発な議論が展開された。1965 年，経済同友会は「新しい経営理念」を公表し，利潤を敢えて無視し，高踏的な議論を弄んでいるようでは，国内外の競争に勝つことも社会的責任を遂行することもできないとして，利潤の重要性を強く主張した。

経済至上主義がもたらした環境破壊や健康被害に対して，四大公害訴訟では企業の社会的責任が厳しく問われたにもかかわらず，「新しい経営理念」では利潤追求こそが社会的責任であると再び主張されたのである。

ポーターは「企業はほぼ自己完結的な存在であり，社会問題や地域社会の問題は守備範囲外にある」という認識が，企業経営において支配的だったと指摘している。[17] 経営者はステークホルダーが求める要求を実現するには，利益の一部を犠牲にしなければならないと信じてきたのである。

アダム・スミスは『道徳感情論』の中で，社会的存在としての個人は，心の中に存在するもう 1 人の公平な観察者の是認という制約条件の下で，自己の経済的利益を最大にするように行動することが望ましいと主張した。心の中の公平な観察者によって共感された利己的行為（経済行為）は，行為者自身が意図しなくとも公共の利益を実現するというのである。人々の利己的な経済活動が自由に放任されるのは，心の中の公平な観察者の共感が得られる場合に限られるということなる。

スミスの『国富論』が提示した「神の見えざる手」が機能するには，心の中の公平な観察者が共感した経済活動であるという前提条件が必要となる。すなわち，心の中の公平な観察者が共感する経済活動が自由に放任された時に，神の見えざる手に導かれて人々の意図しない最大限の公共の利益が生み出されるのである。グローバル化が進展し，メガ企業が跋扈する現代社会において，われわれは公平な観察者をどこに求めればいいのだろうか。

現代企業の経営者の心の中に，常に公平な観察者存在していることを期待したいが，巨大化した企業組織は公平な観察者を市民社会に求める必要があろう。社会という公平な観察者から共感を得た事業活動は，神の見えざる手に導かれて公共の利益を実現する可能性が高まる。ポーターは「企業本来の目的は，単なる利益の追求ではなく，共通価値の創出であると再定義すべき」[18] と述べているが，共通価値は，社会とのパートナーシップなくして生み出すことはできないのである。共通価値という概念こそ，社会的存在としての企業の本質を捉えたものといえよう。

図表5-8は，共通価値が創出されるフレームワークを示したものである。内外のステークホルダーは，単体で共通価値を生み出すことは出来ない。両者の矛盾を含んだ複雑な関係性の中に共通価値を創出する鍵がある。責任ある経営に求められるのは，内外ステークホルダーの相補性を活用し，全体最適としての共通価値の創出を志向する姿勢である。

共通価値の創出は，本業と密接に関係し，かつ企業の中核的な事業領域での実現を目指すべきであろう。[19] 経営者は，過去の延長線上で事業戦略を構想する傾向が強く，製品と市場の関係についても，従来の顧客，ニーズ，市場に強く影響されている。あらゆるビジネスは，社会的ニーズの上に成り立っており，基盤となる社会が変われば必要とされるビジネスの質も変化しなければならない。

現代社会は過去と「不連続」な関係にあり，未来社会を現代社会を起点とするリニア・モデルで構想することには限界がある。企業と社会の未来を考えるとは，将来のニーズを構想することに他ならない。将来ニーズの中で大きなウェイトを占めるのが社会課題であろう。社会課題を解決するためには，企業が単独で対処することは難しく，企業や業界の枠組みを踏み越えたパートナーシップや思い切った体制変革が必要になってくる。共通価値を追求する経営とは，社会における企業の存在意義を再確認する作業でもある。

図表 5-8　共通価値の概念

（出所）Laasch, Oliver.and Conaway, R. N.（2014）98 頁。

8. マルチセクター・アプローチへの期待

NPO と企業の協働は，グローバル社会でも業態や地域を越えて展開されている。幅広い文脈の中で展開されている NPO と企業との提携には，さまざまなタイプが存在している。一般的な提携形態である，NPO と企業が保有するリソースを介した短期的な交流から，相互の機能や能力に対する深い相互理解を必要とする長期的・多面的なパートナーシップなどさまざまである。

どのような提携形態であれ，成功している提携は，パートナー双方の異質な能力をうまく活用している。チャンスは無限であるといっても過言ではない。しかし，提携が必ずしも容易な選択肢ではないことも事実であろう。能力の不均衡，高い取引コスト，組織文化の違いから生じる対立等は，あらゆるパートナーシップに起こり得る課題でもある。市民社会が求めるソリューションがパートナーシップによって生み出されるのであれば，NPOと企業は，パートナーシップに伴うあらゆる課題を克服しなければならないのである。

複雑かつ多様化する社会課題は，もはや行政，企業，NPOがそれぞれ単体で取り組んでも解決策を見つけ出すことは難しい。そこで，主義主張が複雑に絡んだ問題に対処する有効な解決策として，マルチセクター・アプローチに期待が集まっている。

本章の冒頭で触れたSDGsは，サステイナブル社会の実現に向けて，地球規模で取り組むべき優先課題を明らかにしたものであり，政府，企業および市民社会に対して，全世界的な行動を要請している。[20]

特に企業に対する期待感は強い。潘基文前国連事務総長は「企業は，SDGsを達成する上で，重要なパートナーである。企業は，それぞれの中核的な事業を通じて，これに貢献することができる。私たちは，すべての企業に対し，その業務が与える影響を評価し，意欲的な目標を設定し，その結果を透明な形で周知するよう要請する」[21] と述べている。

SDGsは，短期的な経済的成功を目的としてきた資本主義のあり方を，本質的に変える可能性を秘めているといえよう。SDGsの実現を目指すことは，地球の生態系サービスや炭素に依存したビジネスモデルから，持続可能で包摂的なビジネスモデルへの転換を意味するからである。ビジネスモデルの転換が，企業にとって大きな負担となるのは言うまでもない。しかし，社会課題に対するソリューションの提供を目指して，技術やナレッジの開発に取り組む企業を支えるのは，マルチセクターとのパートナーシップであろう。

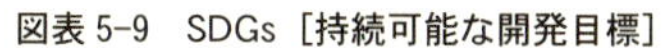
図表 5-9　SDGs［持続可能な開発目標］

（出所）　GRI, UNGC, WBCSD（2015）『SDGs Compass』2 頁。

9. 社会からの信認とパートナーシップ

企業と NPO の協働を成功に導くポイントは，NPO に対する社会の信頼であろう。わが国では，NPO は必ずしも身近な存在とはいえない。例えば，グリーンピースによる過激な抗議行動を，人々はどのように受け止めているのだろうか。NPO は企業に対して意図的に敵対的状況を作り出して，自らの主張をアピールする存在であるというイメージを抱いているかもしれない。

グリーンピース UK は「イギリス人は政治家や大企業が恥をかくことを喜ぶ傾向があるので，意図的に敵対関係を作っている。しかし，日本人は恐らく誰しもが良い関係を築こうとしているので，イギリスでの活動スタイルが日本には当てはまらないかもしれない。グリーンピース JAPAN は日本独自のスタイルを確立しつつあり，その革新的な部分はわれわれも真似をすることがある」[22] と述べている。NPO が市民の代弁者であると認識されることが，社会からの信頼を得る上で欠くべからざる要件といえよう。

Edelman（2015）[23]によると，アメリカではコカコーラ，マクドナルド，ペプシなどの企業が市民から最も信頼されているのに対し，欧州ではグリーンピース，アムネスティ・インターナショナルが1・2位を占めている。欧州では企業や政府よりもNPO等のチャリティ団体が信頼されており，これがNPOの活動を支える基盤となっている。

図表5-10　日本人のNPO・企業に対する信頼（2005－2014）

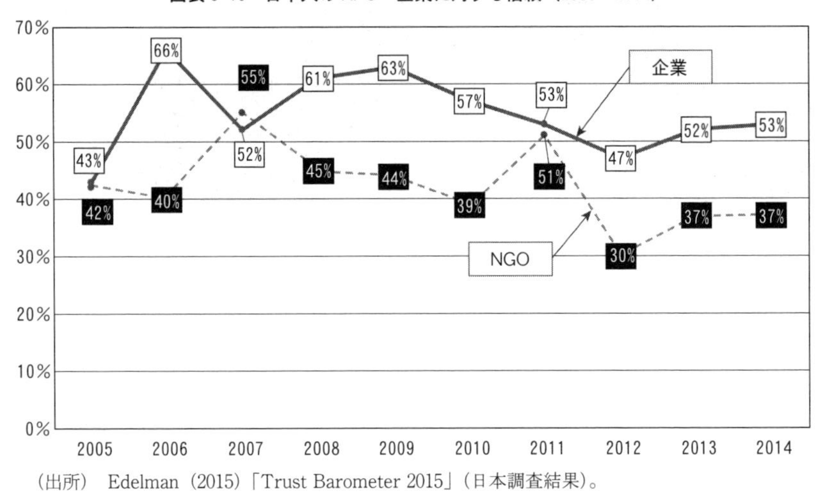

（出所）　Edelman（2015）「Trust Barometer 2015」（日本調査結果）。

図表5-10は，NPOと企業に対する日本人の信頼度を示したものである。わが国では，企業に対する信頼度がNPOよりも相対的に高いという結果が示された。また，図表5-11は，パートナーシップの実態について，日米英3カ国を比較したものである。NPOに対する市民社会の信頼が高い米英両国では，クロスカルチュラルなパートナーシップが幅広く展開されている。さらに，パートナーシップから生み出される価値が内包する社会的意義を，人々が深く認識している様子が伺える。米英両国に比べると，日本のパートナーシップは緒についたばかりの水準にある。NPOに対する信頼感の醸成が，NPOと企業とのパートナーシップの成否の鍵を握っているといえよう。

図表 5-11 パートナーシップを巡る日米英 3 カ国比較

	日本	イギリス・アメリカ
特徴	・パートナーシップが出現しつつある。 ・企業は環境問題に焦点を当てている。	・多様なパートナーシップが広く展開されている。 ・権限委譲および統合 CSR モデルが優勢を占めている。
課題	・コアビジネスにおけるパートナーシップの統合。	・パートナーのための成熟した競争力ある市場。
機会	・社会における民間部門の役割が問われ始めている。 ・CSR への関心の高まり。	・戦略的提携の価値が認識されている。

（出所） Accenture Development Partnerships, The Partnering Initiative, World Vision（2008）10・11 頁を基に筆者作成。

10. パートナーシップの形態

企業と NPO のパートナーシップの形態を，① チャリティ型（主として資金による企業の NPO 支援），② トランザクション型（企業・NPO 双方がそれぞれのメリットを意識する関係），③ インテグレーション型（企業・NPO が共通の目的を持ち，地域・社会にも貢献する関係）という 3 つのタイプに分類する考え方がある。しかし，実際のパートナーシップは複雑な関係性を有しており，この分類法ではパートナーシップの本質を深く捉えることは難しい。そこで，本章は World Vision International, Accenture Development Partnerships, The Partnering Initiative の 3 者が 2008 年に行った共同調査[24] の結果から，パートナーシップの実態について検討してみたい。

この調査では，企業と NPO のパートナーシップの形態を ① スポンサーシップ型，② マーケティング型，③ キャパシティビルディング型，④ ブローカー型，⑤ アドボカシー型，⑥ ビジネス型の 6 タイプに分類している。

詳細は図表 5-12 をご覧頂きたいが，各タイプの特徴を簡単に述べれば，スポンサーシップ型は現金や物品の寄付を媒介とする協働である。先に触れた分類法に含まれるチャリティ型と同じタイプの協働といえる。

マーケティング型は，いわゆるコーズリレーテッド・マーケティングである。製品やサービスの提供によって得た利益の一部をNPOなどへ寄付し，売上の増加を目指すというマーケティング手法である。

キャパシティビルディング型は，従業員エンゲージメントを中核とする協働である。従業員エンゲージメントとは，組織の目的や使命に対する共感から生まれる従業員の自発的な行動による協働である。このタイプの協働は，従業員のコアスキルあるいはノンコアスキルによるボランティア活動など，従業員の自発的な活動が企業の成長に寄与するという考え方に基づいている。

ブローカー型には，大規模なスケールでのイニシアチブの促進や，地域におけるパートナーシップの推進などが含まれる。このタイプでのNPOの役割は，主に事業領域やプレーヤーの管理が中心となる。

アドボカシー型は，問題解決や政策変更を目的としたパートナーシップである。NPOは変革を目的とした訴求力あるキャンペーンの展開や，政策立案者等に対する働きかけを行う。

ビジネス型は，ソーシャルビジネスの育成，代替技術・代替製品の開発によるBOPビジネスモデルの開発支援を行う協働である。

いずれのタイプのパートナーシップであっても，企業がNPOと協働することの意義を社内で明確化し，サプライチェーンを含めた組織内で共有化することが必要である。企業とNPOの協働の多くが成果を生み出せない要因は，企業が掲げる長期ビジョンの下で行われる事業の中に，NPOとのパートナーシップがビルトインされていないからであろう。

CSR活動の実績作りを目的として行われるパートナーシップも少なくない。これでは，成果が生み出せないのも当然といえよう。何故，NPOとのパートナーシップが必要なのかを経営者が提示し，それを組織内で共有化することが，パートナーシップの第一歩なのである。CSVが企業社会でブームとなっているが，企業がNPOと協働する意味を改めて問うことが求められている。

図表 5-12　パートナーシップ・スタイル

協働タイプ	事　例	特　徴	課題／リスク
スポンサー型	現金の寄付	効果的なマーケティングへの着目	継続性が担保されない
	物品の寄付	ハイレベルな関係の構築	世代間で考え方に齟齬が生じる
	製品／物品	貧困や環境問題などへの道徳的・感情的な反応に基づく	相互依存的ではない
マーケティング型	コーズリレーテッド・マーケティング	公共に対する認識を醸成	業務を通じた取り組みという制約
	従業員の募金 給与からの寄付	社会に対するメッセージの拡散	従業員の価値観の変化 ビジネスの優先順位の変化
	製品ライセンスの提供	多角的な収入の流れを生み出す	製品への過度な依存
キャパシティビルディング型	従業員エンゲージメント コアスキル・ノンコアスキルによるボランティア	共同プロジェクト／プログラムの制度化	高い取引コスト
	キャパシティ・ビルディング	行動やシステムの変化を探求	利益に直結しない （無形リターン・付加価値）
	パートナーシップの制度構築	本質的なエンパワーメント	相互依存性が高い （個々の組織が単独のコントロールを失う）
ブローカー型	大規模な取り組みの促進	NGO による事業領域とプレーヤーの管理	NGO の活動が外部から見えない
	地域におけるパートナーシップの促進	より変革的な活動に対する原則の構築	時間かけて協働を維持することに依存
	プロジェクトへ製品を寄付 ノウハウのマッチング	主な関心は成果の持続可能性	外部の支援環境に依存
アドボカシー型	問題解決型パートナーシップやキャンペーン	変革のための訴求力ある発信	NGO 間の潜在的な利害対立
	ビジネス慣行の変革	政策立案者／指導者に対する働きかけ	直接的な介入の排除
	政策変更を目指した戦略的パートナーシップ	現象ではなく原因に対する高い関心	直接的なインパクトや正当性評価が困難
ビジネス型	ビジネス慣行を改善するアドバイス	ジョイントベンチャー	NGO による終わりの見えない展開
	ソーシャルビジネスの成長	成果に結びつくコアビジネスを優先	異なるスキルと能力の必要性
	代替テクノロジー／製品開発（BoP）	ビジネスを通じた営利の受容	NGO が企業の下請け的存在になる

（出所） Accenture Development Partnerships, The Partnering Initiative, World Vision (2008) 22・23 頁を基に筆者作成。

11. パートナーシップのケース

(1) Water Aid（イギリス）

社会課題とは，いわば無秩序な状態のまま放置されている社会事象である。社会課題の解決とは，新たなルールを適用して無秩序な状態で放置されている社会事象に秩序を与えることである。

イギリスでは，社会的な影響力の大きい企業とNPOがパートナーシップを組み，双方のリソースを活用して社会課題の解決を目指すケースが増えつつある。[25] ポーターが提唱した価値共創仮説（CSV）を実践するうえで，社会戦略の視点が乏しい日本企業にとって，クロスカルチュラルなパートナーシップの活用が大きな力となるであろう。

英国のNGOであるWater Aidのケースを紹介しよう。Water Aidは世界の最も貧しい人びとに，安全な水と衛生を届けることを目的 としてロンドンで設立された。アフリカ，アジア，中央アメリカの27カ国（2013年当時）で，現地の団体と協力しながら給水設備とトイレの設置を進め，現地の人々が技術を習得するサポートを展開している。

[歴史的経緯]

Water Aidは，1981年にイギリスの水道業界によって設立された。国連の「国際飲料水供給と衛生の10年」(1981～1991年）を受けて，1881年，イギリスでThirsty Third World Conference（渇いた第三世界会議）が組織された。

水道業界で働く人々から2万5,000ポンドの寄付金が集まり，Water Aidは水道業界のCSRの一翼を担うこととなった。現在は独立した組織となり，水と衛生に特化したチャリティ団体の中では，世界最大規模を誇っている。欧州連合，イギリス政府，アメリカ政府をはじめ，国連，世界保健機関，世界銀行，アフリカ開発銀行，アジア開発銀行，ユニセフ等と共に様々な取り組みを行っている。

［目的と活動］

自然災害などを対象とする人道的なチャリティとは異なり，構造的な貧困問題に取り組むことを目的としている。そのため，コミュニティの自立をサポートする長期的な支援を行っている。

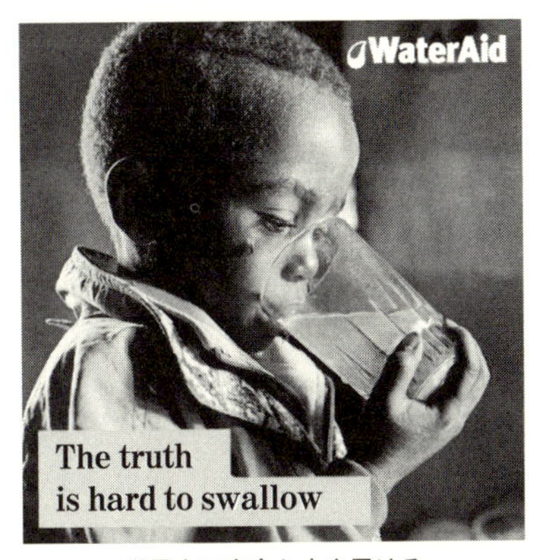

世界中に安全な水を届ける
（出所） Water Aid ホームページ。

先進国と同様に，水道の蛇口をひねれば水が出てくるし，排泄物はトイレで流せば全て処理されるという環境を，世界のあらゆる地域で実現することを目指している。Water Aid は，水と衛生に関するソリューションの提供が，貧困問題の根本的な解決につながると考えている。

［活動分野］

Water Aid の中心的な活動は，① サービスの提供（水やトイレを提供すること）と，② アドボカシー活動（人々に水を届けるべき立場の人たちを支援することや，サービス提供と法整備のための資金集めを目的としたキャンペーンを行うこと）の 2 点である。

① のケースとして，ザンビアでのトイレ建設支援がある。コミュニティはトイレの利用料を人々から集めて貯金し，トイレ修理のトレーニングを実施している。トイレ建設には，出来るだけ管理が容易な技術を用い，部品も現地調達が可能なものを使用している。

② のケースには，ユニリーバとの協働事例がある。“We Can't Wait” と題する協働事業の報告書は，「トイレへのアクセスは基本的な人間の権利だが，世界人口の 3 人に 1 人はその権利を持っていない。毎日 10 億人の人々は，人としての尊厳やプライバシーもなく，川，池，茂み，側溝で排泄している。石鹸で手を洗うなど，清潔で安全なトイレや基本的な衛生習慣がないと，数百万人の人々は健康を害し衰弱していくサイクルに巻き込まれる」と

警告している。

ユニリーバは，コミュニティの開発を支援する大規模なサステナビリティ・プログラムを実施し2,600万人に影響を与えたとしている。ユニリーバが衛生問題に取り組む理由は極めて明快であり，それは同社が販売する石鹸等と密接な関係が持つ領域だからである。

［協働の目的］

Water Aidが企業とパートナーシップを結ぶ主な理由は，①資金調達，②マーケティング，③影響力の3点に集約される。資金調達は文字通り，水と衛生問題を解決するための活動資金を確保することである。1981年以降，1,900万人に綺麗な水を，1,500万人に衛生面での支援を行ってきた。しかし，未だ綺麗な水にアクセスできない人は7億5,000万人，トイレなしの生活を送っている人は25億人いる。前述のとおり，世界人口の3人に1人はトイレのない生活を強いられている。彼らは，草むらや路上で用を足し，それが周辺の水質汚染に繋がっている。彼らに綺麗な水とトイレを提供するためには，莫大な資金が必要なのである。

マーケティングは，Water Aidのメッセージを世界の人々に届けるための手段である。企業のコミュニケーション・チャネルを活用することは，NGOにとって最も効率的なマーケティング方法なのである。例えば，ユニリーバとのパートナーシップを通じて，同社が世界に展開するマーケットに容易にアクセスすることができる。その結果，限られたリソースしか持たないWater Aidにとって，より効果的なコミュニケーションが可能となる。

影響力ついては，ユニリーバCEOのP.ポールマンとの関係を挙げておこう。彼の推薦によって，Water Aidはミレニアム開発目標（MDGs）の設計に関わることとなった。[26] Water Aidのビジョンは，MDGsに反映されており，世界的なサステイナビリティ課題の設定に寄与できたことは大きな成果といえよう。

一方，企業がWater Aidと協働する主な理由は，図表5-13に示した通りである。Water Aidと企業の協働スタイルは，「マーケティング型」，「キャパシティビルディング型」,「アドボカシー型」,「ビジネス型」が融合されたものといえよう。

図表 5-13　企業が Water Aid と協働する理由

従業員のモチベーション向上	カスタマー・ブランドリレーション構築	ビジネス戦略の支援
◆チャリティ活動を通じた従業員のモチベーション向上，チームビルディング，トレーニング等が目的。 ◆対象は金融会社や法律事務所等が多い。	◆英国内で Water Aid の認知率は 75％に達し，毎月 35 万人から寄付を受けている。 ◆水道会社との密接な関係から，全家庭に水道料金請求書と共に Water Aid パンフレットが郵送される。 ◆ Water Aid に対する信頼が非常に高いので，協働することで企業のブランドイメージが向上し，消費者との関係強化につながる。	◆水に関するローカルなビジネスリスクへの対応。 ◆ HSBC は自社の水使用は少ないが，多くの投資先企業が大きな水リスクを抱えている。 ◆ H&M の多くのオペレーション拠点は深刻な水問題を抱えている。 コミュニティ開発を通じて従業員の健康，教育，生産性を確保することが目的。
事例：JP モルガン	事例：H&M	事例：HSBC　H&M

（出所）　英国先進 CSR & Ethical 企業調査[27]。

(2)　特定非営利活動法人えがおつなげて（日本）

［事業概要］

特定非営利活動法人えがおつなげて（以下，NPO 法人えがおつなげて）が三菱地所株式会社（以下，三菱地所）をビジネスパートナーとして展開した,「空と土プロジェクト」[28]を紹介しよう。このパートナーシップには，マーケティング，キャパシティビルディング，ブローカー，アドボカシー，ビジネスという 5 つの要素が複合的にビルトインされており，これがこのプロジェクトの特長を際立たせている。

事業の概要は，地域共生型ネットワーク社会の創生に取り組む NPO とまちづくりを基本使命とする企業の特性を活かして，都市と地域社会との共生という社会課題の解決に向けたプロジェクトである。

[企業とNPOのビジョン]

経営コンサルタントから転進した曽根原久司氏は，2001年，山梨県北杜市でNPOを立ち上げた。その理由は，①山梨県の耕作放棄地が全国第2位，②北杜市の耕作放棄地は800haで県内の耕作放棄地率ワースト1，③農山村資源が豊富，④巨大消費地である首都圏に近いというものだった。曽根原氏が整備した農地は，10アール（1996年）から2ヘクタール（2000年）に拡大し，1人で耕作できる限界を超えていた。かねてから，誰もが自由に関われる都市農山村交流事業の必要性を感じていたことが，NPO法人の設立につながったのである。

一方，ビジネスパートナーである三菱地所は，「まちづくりを通じて社会に貢献する」という理念の下，「人を，想う力。街を，想う力。」というブランドスローガンを掲げてCSR活動を展開してきた。同社が策定した「三菱地所グループ社会貢献活動基本方針」（2008年）は，①社会的課題の解決と自らの成長，②三菱地所グループらしい活動の展開，③社会との連携という基本方針を示し，「地域社会との共生」「文化・芸術支援」「環境保全」「社会福祉」の4領域を重点分野と位置づけている。

同社の社会貢献活動の特徴は，経営資源を活用して，事業領域の内外において多様な団体と対等な関係を築きながら連携を推進し，社会課題の解決と自社組織の成長を目指すことにある。代表取締役社長杉山博孝氏は，「多くの制約がある中で，企業がその特性を活かして社会課題の解決に取り組むための方法の1つに良きパートナーとの連携がある」と述べている。

[パートナーの相補性が生み出す新たな価値]

NPO法人えがおつなげては，借り受けた耕作放棄地を利用して企業ファームを運営してきた。企業は種まきから収穫までの農作業に従事し，収穫した農作物を製品の原材料として全量を買い上げるシステムである。企業ファームは，トレーサビリティ[29]を確保することで，食の安全に対する消費者の期待に応えていくことを目指していた。

三菱地所は，耕作放棄地の開墾や荒廃した森林の間伐体験を通じて，地域の人々との交流を重ね，再生した棚田（5,600 ㎡）と畑（1,400 ㎡）［2012 年3 月当時］を「空土ファーム」と名づけ，ここが「空と土プロジェクト」の起点となった。

空と土プロジェクトの第 1 歩となった体験ツアーは，① CSR ツアー（三菱地所グループ社員・家族向け），② 空土バスツアー（三菱地所コミュニティ管理のマンション居住者や三菱地所レジデンスクラブ会員向け），③ 酒米づくりツアー（丸の内エリア就業者，三菱地所グループ社員・家族向け），④ 空土倶楽部イベント（空土倶楽部登録者）で構成された。

空土バスツアーは，マンション購入者を巻き込んだ取組みとして注目される。マンション購入者に農業体験を通じて交流を深めてもらい，入居後のコミュニティづくりをスムーズにすることが狙いだという。

2008～11 年の 4 年間で 26 回の体験ツアーが実施され，参加者は延べ 730 名を数えた。地元の老舗酒蔵との共同開発から生まれた純米酒「丸の内」

図表 5-14　空と土プロジェクトの概要

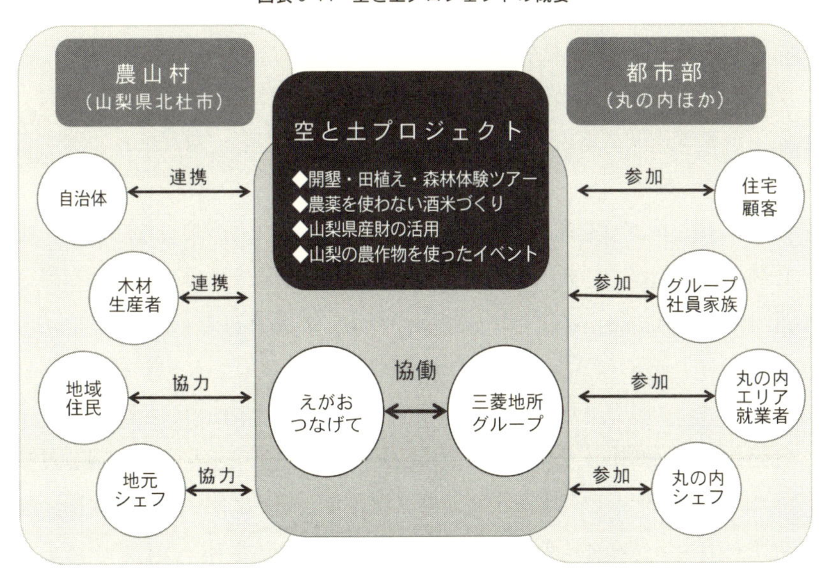

（出所）　三菱地所株式会社『CSR 報告書 2012』を基に筆者作成。

は，空土ファームで栽培した酒米を原料に使用し，丸の内エリアのレストランやショップで販売され人気商品となっている。

［第1次プロジェクト］

NPO法人えがおつなげてと三菱地所は「両者が連携して北杜市須玉町増富地区を中心とする都市と農山村の交流活動を推進することで，都市部と農山村部が抱える社会課題の解決に努め，心豊かで暮らしやすい社会の実現に寄与すること」を目的として，連携協定を交わした。協定書には，以下の7つの活動が盛り込まれている。

① 農山村での体験活動およびグリーンツーリズムなど都市農山村交流の促進
② 地域の農林水産品等地域資源を活用したイベントなどの検討，開催
③ 都市と農山村交流に関するセミナー，ワークショップ，交流事業などの開催
④ 森林再生・利活用に関するビジネスモデルの検討
⑤ 農家民泊・農家レストラン・オーベルジュ（宿泊のできるレストラン）等の検討
⑥ 自然エネルギー開発に関する共同研究や都市との連携モデルの検討
⑦ 関東ツーリズム大学（事務局：NPO法人えがおつなげて）に関する連携・協力

このプロジェクトを始めるにあたって，NPO法人えがおつなげては，農村体験，人間関係の形成，製品開発，事業化を骨子とする3カ年計画を提案している。これが第1次プロジェクトであり，①森林再生・利活用プロジェクト，②ファームレストラン・オーベルジュプロジェクト，③自然再生エネルギープロジェクトという実践的なプログラムで構成されていた。

森林再生・利活用プロジェクトでは，地球温暖化やエネルギー問題に対処するため，国土の3分の2を占める森林資源を，バイオマス資源や食糧・飼料を産み出す生産森林に再生させる取り組みである。また，三菱地所グループが販売する戸建住宅に，山梨県産材を活用するビジネスモデルの開発にも

着手している。

［第2次プロジェクト］

第1次プロジェクトの成果と反省を踏まえ，2011年から第2次プロジェクトがスタートした。第2次プロジェクトの最大の成果は，山梨県産材認証制度の創設である。同制度は，企業とNPOのパートナーシップが農山村に埋もれている資源を活用して，ビジネスモデルに仕立て上げた好事例といえよう。

林野庁の統計によると山梨県の森林率は78.0%（全国第5位）にもかかわらず，林業産出額は17億7,000万円（全国第40位）に過ぎない。間伐材が打ち捨てられている現状を目の当たりにした企業とNPOは，山梨県や北杜市を巻き込みながら，山梨県産材を活用するための新たなソーシャル・バリューチェーンづくり（社会的価値を生み出す付加価値連鎖）に着手した。

しかし，山梨県が取得しているFSC認証（Forest Stewardship Council, 森林管理協議会）では，県外の加工施設で処理した木材製品は山梨県産材として認定されず，これがソーシャル・バリューチェーンづくりのネックとなった。

NPO法人えがおつなげては，県外で加工した製品も山梨県産材と認定できる新たな認証制度を提案し，三菱地所はこの認証制度を利用して，グループ企業の三菱地所ホームが販売する住宅の構造用部材の国産材比率を，35%から45%に引き上げる方針を示した。

こうした政策提案が山梨県を動かし，三菱地所，三菱地所ホーム，山梨県，NPO法人えがおつなげての4者による「山梨県産材の利用拡大の推進に関する協定」(2011年）が締結されたのである。NPOと企業が協働して政策立案者に訴求力ある提案を行ったことが，新しいビジネスモデルを生み出したのである。国内のパートナーシップでは，数少ないアドボカシーの成功例といえよう。この協定によって，山梨県における協働プロジェクトのバリューチェーンネットワークは，川上（生産）から川下（供給・販売）へと発展している。

山梨県産財の活用に関する四者協定の締結

（出所）　三菱地所株式会社 CSR 部。

12. 企業の伸びしろを広げるクロスカルチュラル・パートナーシップ

企業，NPO，行政が個々に取り組むだけでは，複雑化，重層化する社会課題の解決は難しい。しかし，企業と NPO の活動は，しばしば異なる目的や要因によって動機づけられている。こうした課題に対する一つの答が，クロスカルチュラル・パートナーシップである。クロスセクターによるパートナーシップを活用することによって，異なる組織の期待を実現する可能性を秘めた協働の機会は，確実に増えていくだろう。

クロスセクターによるパートナーシップは，地球サミット（1992 年）以降，顕著な動きを見せている。わが国でも CSR を巡る議論が活発化した 90 年代後半，企業と NPO の協働に関心が向けられるようになった。こうした流れの一つの結実が，2002 年に創設された日本パートナーシップ大賞[30]であろう。

企業，市民社会，行政など，多様な主体によるプライヴェートなコラボレーションであるクロスカルチュラル・パートナーシップは，戦略的かつ実践的な活動形態として，持続可能な社会経済システムの実現に向けた変革のドライバーとして期待されている。

図表 5-15　クロスカルチュラル・パートナーシップの背景

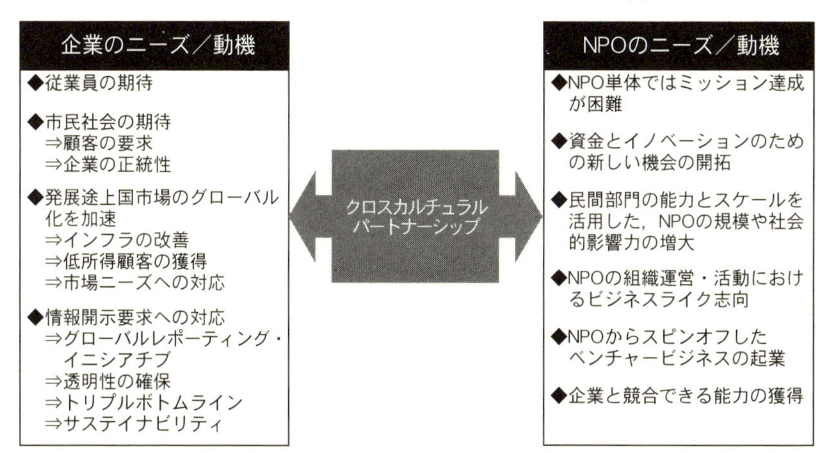

（出所） Accenture Development Partnerships, The Partnering Initiative, World Vision（2008）16 頁を基に筆者作成。

伊丹（2003）は，高度経済成長期の日本企業の特徴を，オーバーエクステンション戦略と位置づけた。この戦略は，企業が保有する能力や資源を超えた課題に挑戦する，いわば背伸びの戦略である。蟹は甲羅に似せて穴を掘るという諺を逆手にとって，企業は自社の能力を超えた大きな穴を掘る（課題にチャレンジする）ことで，穴の大きさに合わせて組織の能力を成長させるというものである。

経営効率の向上を目指すこの戦略は，右肩上がりの成長が続く時代には非常に有効だった。しかし，この戦略に欠けているのは，企業を取り巻く社会の変化に，どのように対応するのかという視点である。技術やナレッジの獲得によって，経営効率の改善を図る戦略はもはや限界にきている。現代に生きる人々の価値観や幸福のあり方は，大きく変化し多様化している。

現代企業に求められる経営のあるべき姿は，多様性に富む社会の価値観と企業の DNA（ナレッジ，技術，文化など）をクロスさせるビジネスモデルである。このビジネスモデルを，クロスバリュー・エクステンション戦略と名づけよう。

日本企業は，グローバル市場でのプレゼンスが低下しつつある。その要因の一つとして，経営構想力の欠如を指摘したい。バブル経済崩壊後も，日本企業は着実に研究開発を続け，保有するナレッジの蓄積は欧米企業に比べても遜色はない。しかし，蓄積したナレッジを社会で活用する点において，日本企業は欧米企業の後塵を拝している。その原因は，クロスバリュー的な発想が欠けているからではないだろうか。

社会との関係性に目を向けず，ハイスペックな技術を追求することが目的化してしまったことに，日本企業の敗因があるように感じる。図表5-16で示したように，企業には，環境適合性，社会適合性，経済効率性を同時に満たすビジネスモデルが求められている。企業が単体で環境適合性と社会適合

図表5-16　オーバーエクステンション戦略とクロスバリュー・エクステンション戦略

オーバー
エクステンション戦略

自社
ナレッジ

経済効率

自社
ナレッジ

クロスバリュー
エクステンション戦略

自社
ナレッジ

環境
社会
適合

自社
ナレッジ

経済
効率

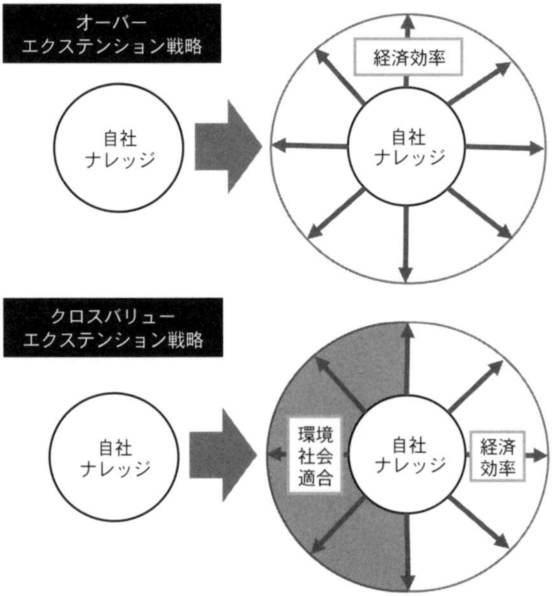

（出所）　筆者作成。

性を実現することはたやすいことではない。そこで，必要とされるのが，NPO とのクロスカルチュラルなパートナーシップである。

昨年，トヨタ自動車は「トヨタ環境プロジェクト 2050」[31] を公表した。このプロジェクトは，クロスバリュー・エクステンション戦略のベストプラクティスの一つといえよう。2015 年，COP21 で採択されたパリ協定 [32] によって，私たちの価値観を覆す脱炭素社会が到来しようとしている。トヨタ自動車は世界に先駆けて水素自動車の開発に成功するなど，着実にナレッジを蓄積してきた。このプロジェクトは，サステイナビリティの実現を迫られている社会の思いと事業戦略の方向性をクロスさせた，社会変革につながるビジネスモデルなのである。

従来の延長線上で経営効率の改善を目指すだけでは，このような挑戦的な決断は出来なかったであろう。社会の変化とシンクロさせて自社のナレッジを成長させる戦略こそが，企業の伸びしろを広げていくのである。

まず，企業がなすべき事は，短期主義を排し，人類がやがて遭遇するであろう気候変動や社会変革の波を認識することである。次に，あるべき未来社会を実現するためのナレッジを獲得し，それをビジネスモデルとして展開する強い意志と経営構想力をもつことであろう。

近年，グローバル市場での競争激化や消費者ニーズのめまぐるしい変化に対応するため，これまで以上に速いスピードでイノベーションを実現することが求められている。従来のような自前主義のクローズドスタイルではなく，研究開発能力，技術的知見，人的資源，資金を広くオープンな外部市場から調達し，効率的なイノベーションを目指す，いわゆる「オープンイノベーション」が世界的な潮流となっている。

多様性を取り込んだ価値創造に凌ぎを削る欧米企業に対して，日本企業は明らかに遅れをとっている。イノベーションとは「新しい知」を生み出すことである。知は技術のみならず，価値を創造するために必要なあらゆる要素を含んでいる。新しい知は，既存の知の「新しい組み合わせ」から生まれる。

かつて，シュンペーターは「New Combination（新結合）」を提唱したが，人や組織は「既存の知」だけを組み合わせる傾向が強い。New Combinationの実現には，企業は社会に潜在する「未知の知」を探求し，これと企業が培って来た「既存の知」と組み合わせることが必要なのである。クロスカルチュラル・パートナーシップとは，まさに「知の探索」といえよう。

付記
本研究は，JSPS科研費（25380479）の助成を受けたものである。

注

1） GRI，UNGC，WBCSD（2015）『SDG Compass』，7頁。
2） 同前，24頁。
3） 同前，24頁。
4） 東京証券取引所他（2016）「2015年度株式分布状況調査の調査結果について」。http://www.jpx.co.jp/markets/statistics-equities/examination/nlsgeu000001q8j8-att/j-bunpu2015.pdf
5） 川村（2015）は，日本企業が経営レベルでCSRを考えるようになった2003年を「CSR経営元年」と位置づけている。
6） ピーターゼン，P.D.（2009），90-112頁。
7） 同前，114-127頁。
8） Porter, Michael E. and Kramer, Mark R.（2008），36-52頁。
9） 同前，41頁。
10） 同前，41頁。
11） 同前，47頁。
12） Porter, Michael E. and Kramer, Mark R.（2011），8-31頁。
13） 同前，10頁。
14） 同前，12頁。
15） 同前，12-13頁。
16） 川村（2004），3頁。
17） Porter, Michael E. and Kramer, Mark R.（2011），13頁。ポーターはM.フリードマンがCSRを批判する際に主張したロジックであると指摘している。
18） 同前，11頁。
19） Porter, Michael E.（2013），70頁。
　ポーターは従来のCSR活動が本来の事業とほとんど結びついておらず，社会問題の解決に大きなインパクトを与えるような効果はなく，企業のイメージ向上を主眼としていると批判している。
20） GRI，UNGC，WBCSD（2015）『SDG Compass』，4頁。
21） 同前，4頁。
22） 筆者がイギリスで行ったヒアリング調査に基づく。（調査日：2014年7月10日）
23） Edelman Trust Barometerとは，独立PRコンサルティング企業エデルマンが世界各国における人々の組織に対する信頼度を調査したもの。

24)　調査結果は「Emerging opportunities for NGO-business partnerships」として公開されている。
25)　藤井（2014），167 頁
26)　ユニリーバ CEO のポールマンは，潘基文国連事務総長のアドバイザリー・ボード・メンバーとして，ミレニアム開発目標の検討に参加していた。
27)　22）と同じく筆者がイギリスで行ったヒアリング調査に基づく。（調査日：2014 年 7 月 10 日）
28)　活動の詳細については同プロジェクトホームページを参照されたい。http://soratsuchi.com/
29)　物品の流通経路を，生産段階から最終消費段階あるいは廃棄段階まで追跡が可能な状態をいう。
30)　同賞は，特定非営利活動法人パートナーシップサポートセンターが主催する NPO と企業の優れたパートナーシップ事例に対する表彰制度。パートナーシップの意義や活動から生み出される価値を社会にアピールし，クロスセクター間の協働を推進することを目的としている。
31)　気候変動，水不足，資源枯渇，生物多様性の劣化など地球環境問題に対し，自動車が本来持っている負の要素を限りなくゼロに近づけるとともに，社会にプラスをもたらすことを目指して，「もっといいクルマ」「もっといいモノづくり」「いい町・いい社会」の 3 つの領域で 6 つのチャレンジを掲げている。特にインパクトのある取り組みは「新車 CO2 ゼロチャレンジ」であり，2050 年までに新車平均走行時の CO2 排出量を，2010 年比で 90％削減するという目標を掲げている。
32)　パリ協定は，2015 年に開催された COP21（気候変動枠組条約第 21 回締約国会議）で採択された。同協定は，世界的な平均気温上昇を産業革命以前に比べて 2℃より十分低く保つともに，1.5℃に抑える努力を追求すること，適応能力を向上させること，資金の流れを低排出で気候に強靭な発展に向けた道筋に適合させること等によって，気候変動の脅威へ世界的な対応を強化すること目的としている。

参考文献

伊丹敬之（2003）『経営戦略の論理』日本経済新聞社。
大阪ボランティア協会ボランタリズム研究所（2014）『日本ボランティア・NPO・市民活動年表』明石書店。
加護野忠男（2010）『経営の精神』生産性出版。
川村雅彦（2004）『ニッセイ基礎研 REPORT 86 号』ニッセイ基礎研究所。
川村雅彦（2015）『CSR 経営パーフェクトガイド』ウィズワークス。
岸田眞代編（2011）『第 7 回日本パートナーシップ大賞事例集』サンライズ出版。
岸田眞代編（2012）『第 8 回日本パートナーシップ大賞事例集』サンライズ出版。
岸田眞代編（2013）『第 9 回日本パートナーシップ大賞事例集』サンライズ出版。
岸田眞代編（2014）『第 10 回日本パートナーシップ大賞事例集』サンライズ出版。
岸田眞代編（2016）『第 11 回日本パートナーシップ大賞事例集』サンライズ出版。
経済同友会（2003）『第 15 回企業白書「市場の進化」と社会的責任経営—企業の信頼構築と持続的な価値創造に向けて—』。
藤井剛（2014）『CSV 時代のイノベーション』ファーストプレス。
ピーターゼン，P.D.（2009）『第 5 の競争軸』朝日新聞出版。
Accenture Development Partnerships,·The Partnering Initiative, World Vision（2008），*Emerging opportunities for NGO-business partnerships.*
Carroll,A.B.and Buchholtz, A.K.（2011），*Business & Society: Ethics, Sustainability, and Stakeholder Management,* South-Western Pub.
Carroll, A.B. and Lipartito, K.J., Post, J.E., Werhane, P.H., Goodpaster, K.E.（2012），*Corporate*

Responsibility: The American Experience, Cambridge University Press.
Edelman（2015），*Trust Barometer 2015*（日本調査結果）.
Freeman, R.E.（1983），*Strategic Management*, Cambridge University Press.
GRI, UNGC, WBCSD（2015）『SDGs Compass』.
Laasch, Oliver. and Conaway, R.N.（2014），*Principles of Responsible Management: Global Sustainability, Responsibility, and Ethics 1st Edition*. Cengage Learning.
Porter, Michael E. and Kramer, Mark R.（2008）「競争優位のCSR戦略」『DIAMONDOハーバード・ビジネス・レビュー』2008年1月号，ダイヤモンド社。
Porter, Michael E. and Kramer, Mark R.（2011）「共通価値の戦略」『DIAMONDOハーバード・ビジネス・レビュー』2011年6月号，ダイヤモンド社。
Porter, Michael E.（2013）「これからの競争優位」『DIAMONDOハーバード・ビジネス・レビュー』2013年3月号，ダイヤモンド社。
Smith, Adam.（村井章子，北川知子訳）（2014）『道徳感情論』日経BP社。
Water Aid and Unilever（2014），*We can't wait*.

コラム ❺

企業が支える Community Supported Agriculture
—OKUTA こめまめプロジェクト—

NPO 法人生活工房つばさ・游 & 株式会社 OKUTA

「OKUTA こめまめプロジェクト」は，農作物のトレーサビリティに高い関心を持つ企業，40 年間の長きにわたり有機農業を実践する農家，食とエネルギーの地産地消を推進する NPO のパートナーシップによる，食の安全を守るための協働プロジェクトである。

OKUTA は，1992 年に設立された住宅リフォーム会社。2002 年 9 月から塩化ビニルクロスの受注を禁止し，「脱・塩化ビニルクロス」を宣言した。サステイナビリティ経営を追求する同社は，健康や環境に配慮したリフォーム・デザインスタジオ「LOHAS Studio」を展開している。このプロジェクトは，食の安全を大切にする山本拓巳社長の発案でスタートしたものである。

パートナーである霜里農場主の金子美登氏は，日本の有機農業の草分け的存在で，持続可能な地域社会づくりに挑戦している。企業と農家の仲介役と

こめまめプロジェクトの全体像

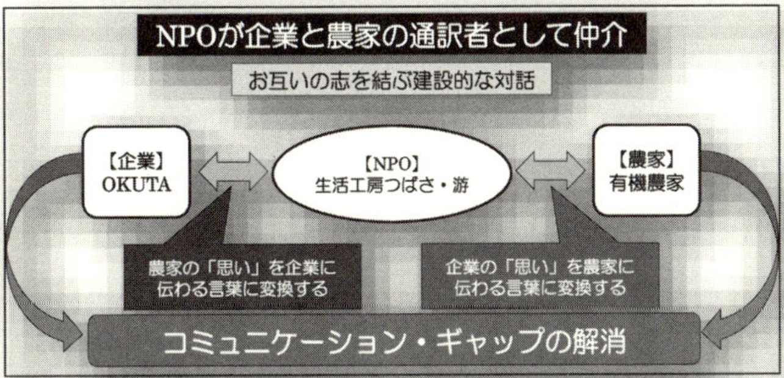

NPOが企業と農家の通訳者として仲介
お互いの志を結ぶ建設的な対話
【企業】
OKUTA
【NPO】
生活工房つばさ・游
【農家】
有機農家
農家の「思い」を企業に
伝わる言葉に変換する
企業の「思い」を農家に
伝わる言葉に変換する
コミュニケーション・ギャップの解消

（出所） 筆者作成。

なるNPO法人生活工房つばさ・游（理事長：高橋優子）は，小川町が生み出す豊かな地域資源による「食」と「エネルギー」の地産地消を推進してきた。

有機米の全量買い取りを契機に，OKUTAと有機農家の協働がスタートした。しかし，価値観の異なる企業と農家の間には，深刻なコミュニケーション・ギャップが生まれていた。両者の対立を解消し，協働プロジェクトを成功へ導いたのはNPOの存在だった。

NPO法人の高橋理事長は，「有機農業は生き方」という農家の信念が，企業に理解されていないことが相互理解を阻む原因であると気づいた。NPOは農家と企業の価値観を受け止め，両者の思いを仲介する通訳としての役割に徹したのである。NPOのきめ細かな対応が効を奏し，農家と企業の相互理解は徐々に深まっていった。

「こめまめプロジェクト」は，下里地区の農家に大きな変化をもたらした。OKUTAが有機米の全量買い取りを実施したことで，下里地区の農家全戸が有機無農薬農法に転換することとなった。地域全体が有機農法へ転換したのは，全国でも初めてのケースである。2010年，下里地区は農林水産省主催の「農林水産祭むらづくり部門」で天皇杯を受賞した。言うまでもなく，生産者，企業，NPOが対等の立場で，お互いを理解し助け合う関係を

OKUTA社員による田植え

（出所）　株式会社 OKUTA。

築いたことが評価されたのである。

企業やNPOとのパートナーシップを機に，横のつながりが希薄だったコミュニティにも一体感が醸成されつつある。OKUTAも2011年に制定した「環境ロードマップver2.0」に，「地域に根ざした環境・社会活動を通じて，持続可能で豊かな地域社会の実現に貢献する」ことを盛り込んだ。

「こめまめプロジェクト」を通じて，社員とその家族の食と農，生物多様性，コミュニティに対する意識は確実に変化しているという。さらに，同社の経営目標には，「2022年までに社員の有機米調達率に80%以上を目指す」という一文が加わった。

「こめまめプロジェクト」は，第8回パートナーシップ賞と「オルタナ賞」を受賞した。NPOが企業と農家というクロスカルチュラルなパートナーの志を結集して，オルタナティブな協働へ導いたことが評価されたのである。

この取り組みは，企業，農家がそれぞれ強い主張を持ちながらも，両者の相補性を巧みにマネジメントしたNPOの活躍によって，3者がWin－Win－Winの関係を築けたことが成功のポイントである。パートナーシップが当事者の意識と行動に変革をもたらし，それが組織や地域社会の成長を促すという好循環が生み出される可能性を，この事業は示しているといえよう。

〔第8回パートナーシップ賞 & オルタナ賞（特別賞）受賞〕

（長谷川直哉）

索　引

【数字・アルファベット】

ACBOP　114
Creating Shared Value　ii, 132
CSR　i, 6-11, 17, 26, 30, 124, 125, 127, 130-133, 135, 142, 144, 148-149, 152, 156
——とソーシャル・キャピタル　118, 120
CSV　127, 130, 132, 142, 144
EAST LOOP　40
ESG 投資　7
IPCC　6
ISO26000　9, 132
——発効　16
MDGs　146
mGAP　51, 64
New Combination（新結合）　156
NPO　25-27
——法人えがおつなげて　147-148, 150-151
——法人遠野山・里・暮らしネットワーク　40
——法人植える美 ing　32
——法人生活工房つばさ・游　159-160
OECD ガイドライン　9
OEM 生産　26
OKUTA　160-161
——こめまめプロジェクト　159
SDGs　4, 121-123, 138
Socially Responsible Investment　7
SRI　7
Sustainable development　5
Sustainable Development Goals　4
Water Aid　144-147

【あ】

アソシエーション　105
アダム・スミス　135
アドボカシー　147
——型　141-143, 147
あらたな公共の担い手　115
インテグレーション型　141
植える美 ing　25-26
相可高等学校　21-25, 30, 34, 36
相可フードネット　24
近江兄弟社　31-32, 34
オーバーエクステンション戦略　153
オープンイノベーション　155

【か】

外発的モチベーション　38
開放的議論（ワイガヤ）　58, 60-62
カーズナー　20
価値共創　128
——仮説　127, 132, 144
——経営　133
株式会社 OKUTA　159
企業の社会的責任　135
気候変動に関する政府間パネル　6
キャッシュ・フォー・ワーク　94
キャパシティビルディング　147
——型　141-143, 147
共創エンジン　43, 52-53, 55, 57-58, 60-63
共通価値　9, 133, 136-137
——の戦略（Creating Shared Value）　17
——の創造　ii, 10, 132
協働　27-28
——呼応者　43, 45-46, 56-61, 63, 68-69
——事業　35
——主唱者　43, 45-46, 55-59, 61-63, 68-69
共有ステージ　56-59, 63
クロスカルチュラル・パートナーシップ　13, 121, 140, 144, 152-153, 155-156, 161
クロスバリュー・エクステンション戦略　121, 154-155
経営構想力　128
経営されるものとしての地域　43
経営品質賞　28

結束型（bonding）ソーシャル・キャピタル　104, 107, 109, 115
原子力発電所　95
研磨ステージ　62-63
高校生 NPO　28-30, 32-33, 36
　――植える美 ing　34
高校生レストラン　23
公衆衛生　79
　――システム　79, 85, 96, 98
構造としての地域　43
国富論　136
国連環境開発会議（地球サミット）　6, 14
国連グローバル・コンパクト　9, 11-12, 17
国連責任投資原則　17
心の回復　78-79, 85, 92-94, 98
コーズリレーテッド・マーケティング　142-143
コーポレートガバナンス　126
　――・コード　4, 17
コミュニティ・エンパワーメント　20, 38
コミュニティ・レジリエンス　104
こめまめプロジェクト　160-161

【さ】

災害ボランティア　80
災害レジリエンス　76, 82-87, 98
サステイナビリティ　iii, 5-8, 10-12, 14, 125-126, 132, 146, 153, 155
サッチャリズム　124
サード・セクター　105
サプライチェーン　6, 10-12, 123, 142
産学官連携　22
資源　19, 39
地震ハザードステーション　81
持続可能性　129-130
持続可能な開発　5-6
　――目標　4, 121
持続可能な発展　129
持続的発展　129
実験　37-39
シティプロモーション　13, 43-44, 50-55, 61-70
社会関係資本　80, 86, 96-97, 99, 105
社会結合（Social cohesion）　125
社会的課題　20
社会的価値　36, 39
社会的包摂　4, 8
修正地域参画総量　51
受動的 CSR　131
シュンペーター　20, 156
情報通信技術　81
ショートターミズム　125-126
新自由主義　124
ステークホルダー　4, 8-9, 12, 19, 36-39, 43, 64, 122, 134-136
　――・アセスメント　134
ストーリー　31
　――性　19, 34-35, 39
スポンサー型　143
スポンサーシップ型　141
スミス　136
制度的（structural）ソーシャル・キャピタル　104, 109, 111
せんぱいの店　24-25, 30, 32, 35
戦略的 CSR　130-132
戦略的協働　43-46, 58, 62-64, 67
戦略的パートナーシップ　14
総合災害情報システム　81
組織間協働　13
ソーシャル・アントレプレナー　13, 40
ソーシャル・アントレプレナーシップ　13, 19-21, 35, 37, 39
ソーシャル・インクルージョン　4, 8
ソーシャル・キャピタル（社会関係資本）　13, 19-20, 36, 39, 80, 104-107, 109-111, 115
ソーシャル・バリューチェーン　151
ソーシャルビジネス　47, 49, 52-53, 55, 60, 142-143
即興　36, 38-39
空と土プロジェクト　147, 149

【た】

多気町　27, 34-35
　――産品　29
脱炭素社会　13
地域活性化　19, 21, 23, 31, 36-37, 39

地域協働　39
地域再生　20
地域資源　19-20, 35, 37
地域防災拠点　82
地域魅力創造サイクル　43, 52-54, 56, 58, 62-63, 67
チャリティ型　141
適当力　38
道徳感情論　135
東北6県ROLL復興支援事業　65, 67, 69-70
トランザクション型　141
トレーサビリティ　148

【な】

内発的モチベーション　38
日本経営品質賞　27
日本パートナーシップ大賞　i-ii, 1, 3, 13, 17, 73-74, 86,-87, 93, 95, 98, 115, 152
認知的（cognitive）ソーシャル・キャピタル　104, 109, 111, 115

【は】

ハイエク　20
橋渡し型（bridging）ソーシャル・キャピタル　104, 107, 109
発散　53
——ステージ　53, 55-59, 63
パートナーシップ　i-ii, 1-5, 7, 12-13, 121-123, 133-142, 144, 146, 151, 157, 161
——・サポートセンター　i-ii, 1, 15, 44, 65, 106, 157
——大賞　iii, 1, 15-16, 44, 65, 87-88, 91, 94, 96, 99-100, 106
パリ協定　13, 17, 155, 157
バリューチェーン　122, 131
万協製薬　26-32, 34-35, 37
東日本大震災　13, 40, 73-76, 78-80, 82-83, 86, 90-97, 99, 104, 107, 110, 115, 118
被災地　40-41
ビジネス　147
——型　141-143, 147
ピーダーゼン　129-130, 156
フェア・トレード　40-41, 108, 133
福市　40
プラットフォーム　38
ブリコラージ理論　19, 21, 39
フリードマン　124, 156
ブレア　124
ブローカー　147
——型　141-143
編集ステージ　58-59, 63
防災教育　77, 82
防災・減災　78, 91, 94
防災リテラシー　78, 85, 88-89
ポーター　127, 130-133, 135-136, 144, 156

【ま】

マクロレベルのソーシャル・キャピタル　104, 112, 114
マーケティング　147
——型　141-143, 146
まごころコスメ　29, 31, 35-37
——シリーズ　31
まごの店　22-23, 25, 28, 32, 35-36
マルチステークホルダー　5, 7, 9-11
マルチ・セクター　105, 139
——・アプローチ　137-138
三重県多気町　21
ミクロ／マクロのソーシャル・キャピタル　115
ミクロレベルのソーシャル・キャピタル　104, 112, 114
三菱地所　147-151
ミレニアム開発目標（MDGs）　4, 146, 157
モンドセレクション銀賞　34
モンドセレクション最高金賞　28

【や】

山梨県産材認証制度　151
ユニリーバ　145-146

【ら】

リスボン戦略　125
レーガノミクス　124
レジリエンス　13, 73, 75-91, 94, 96-99

法政大学イノベーション・マネジメント研究センター叢書 13
価値共創時代の戦略的パートナーシップ

2017年3月31日　第1版第1刷発行　　　検印省略

編著者　長谷川　直　哉

発行者　前　野　　隆

発行所　株式会社　文　眞　堂
東京都新宿区早稲田鶴巻町 533
電　話　03（3202）8480
FAX　03（3203）2638
http://www.bunshin-do.co.jp
〒162-0041 振替00120-2-96437

印刷・モリモト印刷／製本・イマキ製本所

定価はカバー裏に表示してあります
ISBN978-4-8309-4940-1 C3034